QUANDO OS SKATES FOREM DE GRAÇA

SAÏD SAYRAFIEZADEH

QUANDO OS SKATES FOREM DE GRAÇA

Memórias de um menino americano criado em uma família comunista

Tradução de
LUCIANA VILLAS-BOAS

1ª edição

EDITORA RECORD
RIO DE JANEIRO • SÃO PAULO
2014

CIP-BRASIL. CATALOGAÇÃO NA FONTE
SINDICATO NACIONAL DOS EDITORES DE LIVROS, RJ

S285q
1ª ed.
Sayrafiezadeh, Saïd
Quando os skates forem de graça: memórias de uma infância política / Saïd Sayrafiezadeh; tradução Luciana Villas-Boas. – 1ª ed. – Rio de Janeiro: Record, 2014.

Tradução de: When skateboards will be free: a memoir of a political childhood
ISBN 978-85-01-40066-6

1. Sayrafiezadeh, Saïd – Infância e juventude. 2. Socialistas – Estados Unidos – Biografia. I. Título.

13-00026

CDD: 920.93354
CDU: 929:330.85

Título original em inglês:
WHEN SKATEBOARDS WILL BE FREE

Copyright © Saïd Sayrafiezadeh, 2009

Todos os direitos reservados. Proibida a reprodução, armazenamento ou transmissão de partes deste livro através de quaisquer meios, sem prévia autorização por escrito. Proibida a venda desta edição em Portugal e resto da Europa.

Texto revisado segundo o novo Acordo Ortográfico da Língua Portuguesa.

Direitos exclusivos de publicação em língua portuguesa para o Brasil adquiridos pela
EDITORA RECORD LTDA.
Rua Argentina, 171 – 20921-380 – Rio de Janeiro, RJ – Tel.: 2585-2000
que se reserva a propriedade literária desta tradução

Impresso no Brasil

ISBN 978-85-01-40066-6

Seja um leitor preferencial Record.
Cadastre-se e receba informações sobre nossos lançamentos e nossas promoções.

Atendimento direto ao leitor:
mdireto@record.com.br ou (21) 2585-2002.

EDITORA AFILIADA

Para Karen Mainenti e Steven Kuchuck
pelo otimismo

1.

Meu pai acredita que os Estados Unidos estão destinados a ser, algum dia, engolfados numa revolução socialista. Todas as revoluções são sangrentas, diz ele, mas essa será a mais sangrenta de todas. A classe operária, que inclui a mim, em um futuro nem tão distante, baixará os instrumentos de trabalho, tomará as ruas, baterá na polícia até que ela se renda, assumirá os meios de produção e abrirá o caminho para uma nova era — a era *final* — da paz e da igualdade. Essa revolução não só é inevitável, como está iminente. Não só é iminente, como está *muito* iminente. E, quando chegar a hora, meu pai vai liderá-la.

Por causa dessa urgência toda, eu quase não vejo meu pai. Isso apesar do fato de morarmos ambos na cidade de Nova York. Semanas passam. Meses passam. Um ano. Às vezes, começo a me perguntar se terei notícias dele novamente, mas, justo quando essa ideia me vem à cabeça, um cartão-postal chega de Istambul, ou de Teerã, Atenas, ou Minneapolis, aonde ele foi participar dessa ou daquela conferência ou fazer esse ou aquele discurso. "O tempo está lindo por aqui", ele escreve com sua otimista caligrafia, cursiva e serpeante, que enche todo o espaço branco, sem deixar lugar para que conte mais alguma coisa.

Nós tivemos alguns momentos, no entanto, ao longo dos anos. No meu aniversário de 18 anos, o único que festejamos em toda a minha vida, meu pai me maravilhou dando-me um Walkman, de longe o presente mais caro que eu havia recebido até então. Depois, no meu aniversário de 19 anos, fiquei uma semana inteira com ele e sua mulher, sua segunda esposa, tirando fotografias, vendo filmes no videocassete e jogando Scrabble até tarde da noite, quando, embora meu pai seja iraniano e o inglês, sua terceira língua, ele ganhava de mim quase todas as noites. Também demos uma longa caminhada numa tarde de domingo, somente ele e eu, até o aquário de Coney Island, e sentamos lado a lado sentindo o ar do inverno enquanto observávamos uma morsa nadando para lá e para cá em seu lago de cimento. Mais tarde, em um café, eu estava tão nervoso e querendo tanto exibir o melhor dos comportamentos que acabei derrubando uma xícara inteira no colo dele. "Desculpe, pai. Desculpe. Desculpe. Desculpe." E toda manhã de domingo ao longo do meu primeiro ano de faculdade ele telefonava para perguntar se eu queria ajuda em algum problema que estivesse enfrentando na cadeira de Álgebra 101. Ele é um professor de matemática, afinal de contas.

Mas primeiro e antes de tudo, meu pai é um militante — um *companheiro* — do Partido Socialista dos Trabalhadores. Ele é uma liderança, na verdade, e tem sido uma liderança por quase toda a sua vida. As responsabilidades que ele escolhe assumir incluem, mas não só essas, editar textos, escrever artigos, fazer discursos, dar cursos de política, comparecer a lançamentos de livros, manifestações, comícios, conferências, piquetes... Quando eu tinha vinte e poucos anos, novamente meu pai havia começado a desaparecer por trás da massiva carga de trabalho pela revolução, e seus telefonemas passaram a ser cada vez mais raros até pararem de vez, e nossas alegres reuniões tornaram-se mais marcas de pontuação em longos parágrafos de silêncio.

Numa noite de verão, quando eu estava com 27 anos, levei minha namorada ao Film Forum, no West Village, para assistir a um documentário sobre Che Guevara. Quando o filme acabou, saindo do cinema, dei com meu pai em pé na calçada, atrás de uma mesa cheia de livros da Pathfinder Press, a editora do Partido Socialista dos Trabalhadores. *Che Guevara fala. Che Guevara conversa com os jovens. A História da Revolução Russa. Imperialismo: o estágio mais avançado do capitalismo.* Um cartaz escrito à mão, estendido em frente à mesa, citava Fidel Castro: "Haverá uma revolução vitoriosa nos Estados Unidos antes que aconteça uma contrarrevolução vitoriosa em Cuba." Na mão de meu pai, exposto para que todo mundo visse, a edição da semana de *O Militante.*

— Sidsky! — chamou meu pai, usando o diminutivo russificado do meu nome, que ele havia inventado e que eu sempre recebia como um carinho.

— Pop! — respondi.

— Gostou do filme, Sidsky?

— Gostei.

E minha namorada, que não ligava a mínima para política e que jamais ouvira falar de Che Guevara até que eu lhe contasse a respeito, concordou: "Também gostei."

— Entendo — disse meu pai, olhando primeiro para minha namorada e depois para mim. Era óbvio pela expressão em seu rosto que havíamos dado a resposta errada. Pensei em dar para trás e acrescentar alguns qualificativos à minha opinião, mas antes que pudesse formular que qualificativos seriam esses, ele convidou: "Vamos jantar juntos hoje. O que você acha? Tem um restaurante legal virando a esquina."

Concordei, é claro, de todo coração. O único problema é que meu pai teria de esperar a saída da próxima sessão do cinema, dali a noventa minutos, e depois deveria guardar todos os livros e dobrar a mesa, de modo que minha namorada e eu andamos 14 quarteirões do West Village até o meu quarto e sala para esperar pacientemente ao lado do telefone, a cada minuto com mais fome. Quando meu pai finalmente ligou foi para se desculpar, uma reunião de última hora acabara de ser marcada, e ele não poderia nos ver naquela noite, mas definitivamente faríamos isso logo, era uma promessa, nós três, logo, logo.

— Ah, puxa vida, é claro que você está desapontado! — disse minha namorada, me abraçando, me beijando.

— Não, não estou — disse eu, mas estava.

E aí o telefone tocou de novo, e era meu pai de novo, mas dessa vez dizendo que a tal da reunião de última hora acabara de ser remarcada, e, sim, ele poderia jantar conosco, estava muito animado para nos ver, em quanto tempo conseguiríamos chegar lá? De maneira que minha namorada e eu saímos correndo de volta pelos 14 quarteirões do Village para encontrá-lo no restaurante legal virando a esquina do Film Forum, onde comemos e bebemos até não aguentar mais enquanto ele nos explicava tudo que não havíamos entendido a respeito do documentário.

Não muito depois disso, comecei a sofrer uma sensação de claustrofobia quando estava com minha namorada. Estávamos juntos fazia um ano, mas toda a empolgação do início já se desgastara. Eu repelia seu afeto. Quando ela me perguntava se eu sentira falta dela depois de uns dias longe, eu tinha um prazer sádico de lhe dizer que não. Terminei com ela afinal diante dos *Nenúfares* de Monet, no Museu de Arte Moderna, exatamente quando deveria começar um fim de semana divertido, que passaríamos na casa dos pais dela, no norte do estado de Nova York. E meu pai, quase ao mesmo tempo, se divorciou de sua segunda mulher com quem vivera por dez anos. Mas, enquanto eu fiquei solteiro, incapaz de reunir coragem para chamar alguém para sair, sentando arrependido na fila da frente do Film Forum todo fim de semana, ele logo começou a namorar várias moças, a primeira, uma companheira de partido de 28 anos.

Quando o vi em seguida foi em seu novo apartamento no Brooklyn, maltratado e sem pintura, mas eu sabia que ele não ligava para isso. O apartamento tinha um astral de coisa oca, vazia, sem vida, como se ele estivesse acabando de entrar ou prestes a se mudar. A verdade é que ele estava lá já fazia seis meses. Não havia praticamente nada no lugar exceto uma grande mesa na sala de estar entulhada com documentos do Partido Socialista dos Trabalhadores. E junto à mesa uma planta definhando. Perto da planta, duas estantes. Uma cheia com os 45 volumes da obra completa de Lenin, incluindo sua correspondência. E a segunda com 49 volumes da obra completa de Marx e Engels, também incluindo suas cartas. Esses lhe foram presenteados por sua segunda mulher em um Natal quando tudo ainda ia bem entre eles. Eu me lembrava desse Natal. Eu tinha passado com ele. De pé no lusco-fusco ao lado da planta que definhava, eu me perguntei se ele já tivera oportunidade de ler todos os volumes. E me perguntei se eu também não deveria ler cada um deles.

Meu pai me abandonou quando eu tinha 9 meses de idade e, fora umas poucas vezes, eu não o vi ou ouvi por 18 anos. "Mahmoud foi lutar pela revolução socialista mundial", me dizia minha mãe com orgulhosa determinação, quando eu era um garotinho. *Mahmoud*. O nome soava sempre tão ornado, tão exótico, saindo da boca de minha mãe, e enfatizava o fato de meu nome também ser exótico, enquanto minha mãe era Martha Harris (*née* Finkelstein), uma judia americana nascida e criada na cidadezinha de Mount Vernon, Nova York. As divisões e alianças, portanto, eram várias.

Em todo caso, a lógica por trás da explicação de minha mãe era que a separação do meu pai era apenas temporária, e uma vez alcançada sua revolução socialista, ele voltaria para nós. Era só uma questão de tempo. Nenhum de nós jamais ousou afirmar essa crença em voz alta — era algo líquido e impalpável —, mas silenciosamente assinávamos embaixo, como um segredo bem-guardado entre amigos. E assim, desde a noite da partida de meu pai, minha mãe começou a se guardar para ele, negando-se uma vida sexual, ou mesmo pessoal, sem jamais tentar encontrar outro marido para ela ou um pai postiço para mim. De fato, ela até concordou em permanecer casada com meu pai de maneira que ele pudesse continuar a viver e trabalhar legalmente nos Estados Unidos. Além disso, continuou como ativista dedicada do Partido Socialista dos Trabalhadores, lutando pela revolução com uma brutalidade e zelo que esmagavam quem estivesse no caminho. Se a resposta era a revolução, então ela faria tudo em seu poder para torná-la sólida.

E uma vez que havia algo tão imensamente maravilhoso e redentor em que acreditar — que meu pai desconhecido era não simplesmente um homem que me abandonara, mas uma nobre alma aventureira que *não tivera escolha* senão me abandonar —, eu abracei com bastante facilidade a versão dos acontecimentos oferecida por minha mãe. Esse é apenas um dos exemplos da hagiografia do meu pai que persistiu ao longo da minha infância, e que persiste na verdade até hoje.

Mas a história demandava grande esforço para ser mantida, e houve momentos em que até minha mãe não conseguia sustentar a narrativa. "Mahmoud me avisou que ia embora com 24 horas de antecedência", ela segredava, em alguns momentos de reflexão sincera. Havia um tom apologético em sua voz, um tom que implicava culpa por ter de admitir algo tão de mau gosto da parte de um homem tão importante. E enquanto essa era uma das raras críticas que minha mãe levantava contra meu pai, ela espelhava outro tema que viria a definir minha infância: minha mãe como vítima do mundo, à mercê daqueles mais poderosos do que ela, e por extensão eu também à mercê dessas pessoas, assim como todo e qualquer trabalhador desgraçado bastante para nascer sob o capitalismo.

— As raízes do sofrimento estão no sistema capitalista — ela explicava. Precisamos acabar com o capitalismo para acabar com o sofrimento.

Isso significava que energia gasta na eliminação da desventura de uma só pessoa, quando atrás dela havia outros milhões igualmente desvalidos, era energia completamente desperdiçada. Havia até uma história de como Lenin, durante uma fome devastadora na região do Volga, onde ele vivia quando jovem, teria se recusado por princípio a oferecer qualquer ajuda aos doentes e famintos, até àqueles camponeses que trabalhavam em sua propriedade, raciocinando que aliviar o sofrimento deles significaria um atraso para a revolução vindoura, que, naquele momento, estava ainda a vinte e cinco anos para acontecer.

A filosofia de minha mãe, por mais insensível e resoluta que parecesse, era não obstante realçada por uma profunda compaixão que a tomava rapidamente e de muitas direções. Muitas vezes eu a via chorar por motivos como a opressão geral do povo palestino, a luta heroica de Fidel Castro contra o imperialismo norte-americano, a morte de um menino negro nas mãos da polícia. "Você viu o que a polícia fez com aquele menino?", perguntava ela, as mãos se torcendo no ar, o corpo cheio de acusação como se eu tivesse alguma culpa. E em seguida deixava-se inflamar pelo desinteresse aparentemente despreocupado da gente rica. Quando caminhávamos por um bairro próspero, apontava para uma casa grande com fumaça na chaminé e um carro na garagem e dizia com desprezo: "Olhe para eles. Ricos bundões." E eu olhava para a casa e desprezava seus ocupantes por possuir, e me desprezava por não possuir, e mais adiante, bem mais adiante, viria a me desprezar por querer o que eu via.

Éramos pobres, minha mãe e eu, vivendo em um mundo de trevas e melancolia, pessimismo e amargura, em que assolavam as tempestades e os lobos arranhavam atrás das portas. Frequentemente, minha mãe me avisava que estávamos com o aluguel atrasado, ou que ela achava que estava prestes a ser demitida, ou que o preço do pão subira de novo. Tudo isso era prova categórica contra o capitalismo e de quão merecedores seríamos quando chegasse a revolução. Havia épocas em que nossas privações entravam no campo do absurdo. Como nas vezes em que ela ficava na frente do supermercado perguntando a quem passasse se lhe dariam os classificados de seus jornais. Ou no consultório médico, onde ela enchia a mochila de papel higiênico. Ou na frente da biblioteca, quando ela me instruía para entrar, depositar nossos livros atrasados no balcão e sair depressa. Mais tarde ela contava orgulhosa aos companheiros que eu tinha sido um cúmplice perfeito. E se eu questionasse essas pequenas desonestidades, ela respondia: "Qualquer crime contra a sociedade é um bom crime."

Uma ocasião, reuni coragem para pedir à minha mãe que me comprasse um skate (era tudo de bom naquela época), e depois de muito seduzi-la ela finalmente concordou em dar uma olhada. Lá no meio do setor de esportes estava uma gigantesca caixa de metal com skates brilhantes como chicletes coloridos e uma placa que dizia: $10,99.

— Quero o verde — disse eu.

— Quando a revolução chegar — disse minha mãe — todo mundo vai ter um skate, porque os skates serão de graça.

Em seguida, ela me pegou pela mão e me levou para fora da loja. Visualizei em detalhes precisos um mundo de longas colinas verdejantes e macias, onde seria sempre verão e onde os garotos andariam de skate rampa acima e rampa abaixo o tempo todo.

2.

QUANDO EU ESTAVA com 4 anos, uma manhã surgiu uma crise insolúvel entre mim e minha mãe.

Eu estava em meu quarto brincando com meus brinquedos, quando ela entrou e se ajoelhou a meu lado no chão. "Nós não vamos mais comer uvas ou alface", disse simplesmente.

Larguei os brinquedos e olhei-a nos olhos. Estranha e despropositada, essa regra, subitamente. Tipo da regra que chega do nada, que dá em nada, criada inteiramente a partir dos caprichos do mundo adulto.

— Essa é uma regra boba — eu disse.

— Não é uma regra boba — ela retrucou.

Pacientemente, minha mãe começou a explicar que a regra não era dela, mas do Partido Socialista dos Trabalhadores, que por sua vez estava seguindo a regra de César Chavez e dos Trabalhadores de Fazenda Unidos, que tinham convocado um boicote nacional às uvas e às alfaces crespas. Tudo isso ela explicou nos termos mais simples, que me permitissem compreender e aceitar o decreto.

— Você é um menino tão bom — ela disse e beijou o topo de minha cabeça.

Mas à medida que os dias passavam e o boicote continuava, percebi que meu desejo por uvas começava a eclipsar minha solidariedade com os trabalhadores. Agora era a minha vez de, um dia pela manhã, interromper minha mãe.

— Estou pronto para comer uvas — eu disse. Disse tão simplesmente como ela o tinha feito.

Ela fechou o livro que estava lendo e se virou para mim com um olhar examinador.

— Você não pode comer uvas — afirmou. — Você sabe disso. — E acrescentou: — E você não pode comer alface crespa.

— Não quero comer alface crespa — respondi alegremente, achando que ela consideraria isso um bom meio termo.

— Bem, você não pode comer nenhuma das duas — ela insistiu com certa distância.

Adulto com criança, adulto educando criança. No entanto, eu detectei, em algum lugar sob o exterior racional, uma corrente de satisfação.

— Quero comer uva — eu disse.

— Você não pode comer uva.

E aí comecei a berrar: — Eu quero comer uva! Eu quero comer uva! — jogando-me e rolando pelo chão. — Eu quero comer uva! Eu quero comer uva!

— Mas você não pode comer uva — respondia a voz leve e piadista — e também não pode comer alface crespa.

Dali em diante, a ausência de uvas tornou-se uma presença constante e inquebrantável em minha vida. Parecia que eu estava sempre perto de um pôster político sobre não comer uvas, ou de um panfleto, uma camiseta, uma conversa, ou um fórum. Desci a um estado de perpétua nostalgia que se intrincava tão fortemente com meu desejo, que logo ficou impossível distinguir o que era um e o que era outro, estabelecendo uma terrível equação para mim. Desejo = nostalgia.

Tudo isso culminou no broche que minha mãe me fez prender no casaco, exibindo o logo dos Trabalhadores de Fazenda Unidos, uma águia negra de asas abertas contra um fundo vermelho-sangue, junto com o inequívoco imperativo: "Não coma uva." Interpretei isso nem tanto como um apelo ao mundo exterior, mas como uma carta rubra para me lembrar de meu próprio desejo pecaminoso, o qual, se saciado, seria devido à miséria dos outros.

— Acabou o boicote? — eu perguntava à minha mãe.

— Ainda não — ela respondia.

— Quando o boicote vai acabar?

— Quando os capitalistas derem aos trabalhadores os seus direitos.

— O que vai acontecer?

— Não sei.

— Quando acontecer, nós vamos comer uvas?

— Vamos.

Semanas passavam.

— Acabou o boicote?

— Não.

Meses passavam.

— Acabou o boicote?

— Não.

Chegou o outono. Depois o inverno. Já nem era mais época de uvas.

— Acabou o boicote?

— Não.

Virei aquela raposa que eu tinha visto na fábula de Esopo, que pulava e pulava sem conseguir alcançar o cacho de uvas pendurado de um galho acima de sua cabeça. A história que a raposa inventa para se consolar e aplacar a própria decepção é que as uvas, provavelmente, estavam verdes e não valiam a pena, afinal. A conclusão a que cheguei, no entanto, foi de natureza diferente. Comecei a ver o que minha mãe via: o problema estava em mim. O desejo sob o capitalismo, *qualquer* desejo, era uma condição vergonhosa, condenável, e ninguém deveria jamais tentar satisfazer aquele desejo, mas, ao contrário, por meio de elevada consciência do mundo, transcendê-lo e, assim fazendo, livrar-se dele para sempre.

A três quarteirões de distância de nosso apartamento no Brooklyn ficava o supermercado onde minha mãe e eu fazíamos as compras da semana. Certa ocasião apresentou um predicamento para nós dois. Não somente eu estava próximo de grandes montanhas de uvas, como também fiquei agudamente consciente de que nossos vizinhos, muitos deles negros, a maioria pobre, enchiam seus carrinhos de uvas, sem dificuldades e sem qualquer remorso aparente.

— Olhe, mãe — eu disse —, tudo bem, para eles, comer uvas.

— Não, não é.

E assim que terminamos nossas compras, tive que ficar ao seu lado na frente do supermercado enquanto ela abria o zíper da mochila e distribuía uma quantidade infinita de panfletos com a águia negra, o fundo vermelho e as três palavrinhas.

Então, um dia, depois de indizíveis meses de pedidos eternos e incessantes, estávamos nós no meio de uma ala de frutas e verduras quando minha mãe disse obviamente exasperada: "Coma uma uva!"

Eu não conseguia acreditar na minha boa sorte. Imediatamente, estendi a mão para as pilhas acima de mim e arranquei sem escolher. A uva era mais pesada do que eu lembrava que fosse. Joguei-a em minha boca e mordi, o suco escorreu pelas minhas bochechas. Masquei feliz, violando a ordem dos trabalhadores de fazendas sem remorsos. E três ideias me ocorreram ao mesmo tempo. A primeira foi que percebi quão deliciosa a uva era, o que justificava todo meu empenho em obtê-la. A segunda foi que decidi que aquela não seria a última vez em que eu teria autorização para comer uvas. Finalmente, e mais importante, compreendi que o simples ato de comer a uva instantaneamente reescreveu a fórmula entre nostalgia e desejo, criando uma nova equação: nostalgia + desejo = roubo.

O que estava acima de tudo para minha mãe, no entanto, era o fato de eu não ter quebrado a santidade do boicote. Ainda assim, o supermercado tinha sofrido uma perda em seu investimento e consequentemente, de uma maneira indireta, o roubo na verdade fortalecia a luta dos trabalhadores de fazenda. Nostalgia + desejo + roubo = revolução.

Na vez seguinte, nós estávamos na quitanda, e minha mãe, agora incapaz de voltar atrás em sua decisão, de novo me permitiu uma uva. Na vez seguinte, comi sem permissão. "Só uma, mãe", mas comi duas. Depois disso, comi três. E por aí foi. Tornou-se algo tão habitual que eu ficava em pé despreocupadamente diante de montes de uvas como se elas compusessem um bufê e eu estivesse considerando minhas opções. Arrancava uma do cacho despreocupadamente enquanto minha mãe fazia compras em outra loja, meu broche informando ao mundo que fizesse o oposto do que eu fazia.

Uma tarde, no meio da minha farra, com a boca cheia e a mão estendida, tive a desconfortável sensação de estar sendo observado. Não muito longe, uma mulher branca, idosa, olhava para mim atentamente. Eu me ressenti de sua interferência naquilo que pensava ser um momento íntimo e parei de mastigar.

— Vai em frente — ela disse docemente. — Vai em frente e come mais uma.

Eu quis seguir sua sugestão, mas houve algo em sua voz que me fez hesitar. Será que suas palavras eram realmente para me encorajar? Senti o perigo de cair na armadilha da indecifrável linguagem do sarcasmo adulto. Espreitei a mulher, que de volta me espreitou. Seu cabelo era todo branco, ela se apoiava pesadamente numa bengala, e seu rosto não parecia malvado. Talvez ela apoiasse o boicote e por isso me via como um aliado na campanha pelos direitos dos trabalhadores imigrantes. De repente, percebi quão peculiar era a ideia de um adulto endossar o roubo e que, de alguma maneira, eu estava seguindo um conjunto de regras muito particulares. Eram, é claro, as regras corretas, mas elas me punham em oposição ao resto do mundo, onde o meu certo era errado para os outros, e o meu errado era o certo de todos, e onde eu seria sempre incapaz de distinguir sozinho o que era o quê.

Em um dia quente de verão, um ano após o início do boicote e nenhuma solução à vista, minha mãe me levou a Manhattan para visitar o prédio do Empire State. A excursão havia sido planejada com semanas de antecedência, e meu vizinho de porta e melhor amigo, Britton, foi convidado a vir também. Eu desejara o passeio com tanta ansiedade que, afinal, quando saímos da estação de metrô na Rua 42, vi a torre imediatamente, sua antena arranhando as nuvens, e gritei para Britton com toda força: "Olhe isso, olhe!"

Era hora do almoço, por isso nós três andamos até o parque Bryant, que fica logo atrás da biblioteca, a fim de fazer um lanche antes de seguirmos para nosso destino. No início dos anos 1970, o parque Bryant ainda não havia se tornado o lindo oásis urbano verde-escuro que é hoje. Era um pedaço de gramado malcuidado, doente e cheio de marcas, totalmente fechado por uma grade de ferro e enormes cercas vivas, e frequentado por traficantes e usuários de drogas, prostitutas e mendigos. Nós três encontramos lugar para sentar em um banco perto da estátua do poeta William Cullen Bryant, seu rosto grave e paternal observando o infeliz estado de seu parque. Britton sentou à minha frente, seu saco de lanche no colo, as pernas balançando para lá e para cá. Ele era um ano mais velho do que eu, alto, magro, negro, filho de camponeses arrendatários que falavam com sotaque sulista. Frequentemente, eu passava dias inteiros no seu quarto, rolando no chão enquanto assistíamos a desenhos animados até que a mãe ou o pai dele dissessem que era hora de eu ir embora.

— Comam seus lanches — disse minha mãe para nós dois.

Britton e eu começamos a extrair, uma a uma, as comidas que nossas respectivas mães haviam embalado para a gente em nossas sacolas de papel marrom. Quando tirei um embrulho de lascas de cenoura, não consegui deixar de notar que Britton havia tirado um pacote amarelo e gordo de bolinhos Twinkie. Observei-o enquanto ele desembrulhava o pacote lentamente, como se fosse um presente de aniversário, e devorava os Twinkies pedaço a pedaço, cada mordida calculada e cautelosa, até que não sobrasse mais nada, e tudo a fazer fosse lamber o creme dos dedos.

— Coma suas cenouras — disse minha mãe.

Enfiei as cenouras na boca e mastiguei sem saboreá-las.

— Não coma tão rápido.

Ignorei-a: mastiguei, engoli, arrotei e enfiei a mão de volta no saco de papel como um jogador com esperança de que a sorte vá mudar. Em vez disso, puxei um copinho de iogurte. Levantei a cabeça a tempo de ver Britton segurando um pacotinho de biscoitos. Será que só havia guloseimas no lanche dele?

— Não quero meu iogurte — anunciei bravamente.

— Então coma suas bolachas.

A palavra *bolachas* doeu em mim com força. Eu me senti humilhado por ela.

— Não estou com fome — eu disse.

— Mas você vai ficar com fome.

— Não quero minhas bolachas! — minha voz saiu tão alta que atraiu a atenção de Britton e o fez parar no meio da mordida. Ele olhou para mim com curiosidade antes de começar a mastigar. Farelos castanhos caíram. Pombos se aproximaram.

Entreguei meu lanche a minha mãe: "Parei de comer."

— Você vai sentir fome — ela disse de novo, mas eu não estava minimamente interessado em suas previsões.

— Vamos — eu disse orgulhosamente —, estou pronto para visitar o prédio do Empire State.

— Mas Britton ainda não acabou de comer.

Fui até ele: "Está na hora de ir embora!"

Mas ele me ignorou e mergulhou seu braço no saco de papel sem fundo para ver que outras guloseimas havia lá. E então retirou, como um cirurgião realizando delicada operação, um enorme cacho de uvas.

Olhei-o horrorizado.

— Britton ainda não acabou de comer — ouvi minha mãe repetir ao fundo.

As uvas eram verdes e brilhantes e cintilavam molhadas, cada uma delas, e eu tinha certeza de que haviam sido compradas no mesmo supermercado em que minha mãe e eu fazíamos compras. Britton aninhou-as na mão e depois as levantou pela haste, como se quisesse exibi-las a todos no parque. Depois escolheu uma, a mais gordinha de todas, e comeu-a.

— Ei, você — eu disse —, você não deveria estar comendo isso.

Britton olhou para mim espantado: "O quê?"

— Você não deveria estar comendo isso!

Minha voz era aguda, meu dedo apontava acusatoriamente. Eu me levantei do banco e dei um passo na direção dele, pensando em agarrar as uvas e esmagá-las contra o concreto. Minha mãe aplaudiria minha ação.

— Mãe! — eu disse. Mas quando me virei para minha mãe, ela me olhava com um olhar estupefato.

— O quê? — perguntou ela.

O quê? Para onde tinha ido toda a indignação dela? Eu girava em luzes brilhantes de total confusão. Britton ria.

— Não ria! — disse eu, virando-me rapidamente para ele.

— Eu não ri.

Aí minha mãe riu, mas quando me virei de novo, ela parou. Um maluco que passava jogou um punhado de farelos de pão no ar e gritou encantado: "Aí! Aí!"

Eu dei as costas e corri através dos pombos, que subiram agitados por cima de mim. Na borda do parque, eu via os carros velozes em todas as direções. Esperei ouvir minha mãe gritar para que eu voltasse — Saïd! Saïd! —, mas ela não gritou. Quando olhei para trás, vi que ela ainda estava sentada no banco me observando sem expressão. O cacho de uvas ainda estava na mão de Britton, mas ele tinha parado de mastigar. Andei até uma esquina, bem devagar para poder ouvir a voz de minha mãe. O sinal estava vermelho, esperei para que ficasse verde e depois esperei que voltasse a vermelho. Então lembrei que tínhamos saído lá do Brooklyn para ver o prédio do Empire State. O pensamento me assustou de volta ao presente e me encheu de algo parecido com esperança, e me virei para ver minha mãe, mas quando fiz isso parecia que eu havia caído no túnel do coelho, e o parque havia acabado.

Eu me virei de novo. Será que eu estava olhando na direção de onde tinha vindo, ou para onde estava indo? Dei para trás no meio-fio, mas um carro buzinou alto, me mandando aos tropeções para a calçada. Eu já não via mais o Empire State, que tinha sido engolido por rostos de adultos que se agigantavam sobre mim, um mar de rostos, cada um mais estranho e terrível do que o outro.

— Tem algo errado com esse menino?

— Esse menino está perdido?

— Qual é seu nome, benzinho?

— Eu acho que ele está perdido.

— Você está perdido, meu amor?

Rostos de mulheres mais velhas me cercavam, me olhando com sorrisos. Um carro de polícia estacionou no meio-fio, uma porta se abriu, e eu fui conduzido para o banco traseiro.

— Não se preocupe, filho — disse-me um dos policiais.

— Vamos encontrar seus pais — ele sorriu. — Qual é seu nome, meu filho?

Eu disse meu nome ao guarda. O nome foi repetido no rádio. O rádio respondeu. O carro da polícia saiu do meio-fio para o trânsito caótico. E de repente, do caldeirão fervente da cidade, um velho sem camisa apareceu, magro e bêbado, batendo com urgência na janela.

— Seu Guarda! Seu Guarda! —, gritava o homem sem fôlego.

Os policiais o ignoraram e avançaram com o carro meio metro para a frente.

— Seu Guarda! Seu Guarda! — *tec, tec, tec*, no vidro.

Com um ar tranquilo, um dos policiais baixou o vidro da janela.

— Como podemos ajudá-lo, senhor?

— Seu Guarda — o velho implorou —, há homens no parque batendo em mim com pedaços de pau.

Fiquei alarmado, mas o guarda não mostrou a menor preocupação.

— O senhor não vê que temos aqui um menino perdido? — perguntou.

O homem magro me sugou com seu olhar de olhos vermelhos e rapidamente voltou-se para os policiais.

— Seu Guarda, eles estão me batendo.

— Há um policial a serviço no parque. Ele vai cuidar do seu problema.

— Por favor! — disse o homem, mas o trânsito estava livre e o policial já estava subindo a janela, emudecendo os sons da cidade.

A voz do velho foi se apagando. E eu afundei confortavelmente na poltrona do banco traseiro, pensando que poderia ficar ali para sempre, feliz dentro da bolha do carro de polícia, o mundo lá fora flutuando sem mal. "A polícia é má", minha mãe tinha o hábito de me dizer. "Não faz parte da classe trabalhadora. Ajuda o patrão a oprimir." Eu mesmo tinha sido sempre perseguido por uma foto que parecia sair quase toda semana no *Militante*, mostrando um garoto negro sendo estrangulado por um enorme policial branco da força de Nova York. De repente, percebi que me minha mãe me vestira naquele dia com uma grande camiseta azul em apoio à Equal Rights Amendment. Eu não tinha dúvidas de que essa camiseta seria considerada uma afronta pelos policiais e me encolhi no banco de trás para ocultar meu traje. Pela janela, eu via o topo do Empire State começando a aparecer, suas antenas ainda nas nuvens, depois viramos uma esquina e ele sumiu.

Na delegacia, eu me sentei numa cadeira de plástico ao lado de um gaveteiro de fichas. Os policiais que haviam me encontrado se juntaram a outros para discutir a minha situação. Esperei pacientemente sempre com meus braços cruzados. Logo, um policial grandão, maior do que os outros, me pegou pela mão e me levou pelo corredor até outra sala, que estava vazia a não ser por uma máquina de sorvete. Ficamos juntos em frente à máquina, ele e eu e minha camiseta.

— De que tipo você gosta? — ele perguntou.

Filas de sorvete se espalharam à minha frente.

— Nenhum, senhor — respondi.

— Deixe disso — ele afirmou —, qual é seu sabor predileto?

— Chocolate, senhor.

Pareceu uma confissão dolorosa.

— Eu sabia — ele disse e pôs a mão no bolso para tirar algumas moedas e jogá-las na máquina. Ouvi-as tilintar. Ele puxou a maçaneta, e saiu um sanduíche de sorvete de chocolate. Ele me deu o doce.

— Obrigado, senhor.

Ele cobriu minha mão com a dele e me conduziu de volta à cadeira de plástico, onde minha mãe e Britton estavam sentados.

Não nos abraçamos quando nos vimos. Minha mãe me disse que, por causa desse desvio inesperado e sem consideração, tínhamos perdido a hora de visita do Empire State e voltaríamos direto para casa. Ainda havia papelada a preencher e documentos a assinar, e nós três nos sentamos na cadeira de plástico, sem dizer nada. Depois de alguns minutos, Britton retirou de seu bolso uma pequena bola de borracha e passou a quicá-la na delegacia.

— Não acho que seja uma boa ideia quicar essa bola aqui — disse minha mãe.

Ela falou baixinho, como se estivesse passando um segredo de uma pessoa para outra. Será que ela estava dizendo que cortam ao meio a cabeça dos meninos negros que quicam bolas dentro de delegacias? Chegou um policial com papel e caneta, minha mãe se levantou para conversar com ele. Depois veio outro policial. Britton balançou as pernas despreocupadamente na frente dele. Um, dois, três. Um, dois, três. O sorvete continuava no meu colo. Estava ficando quente e mole. Era óbvio que estava se derretendo rapidamente e começava a pingar do seu invólucro. Logo seria nada mais do que chocolate líquido. Se eu queria comê-lo, tinha que fazer isso imediatamente.

— Você vai comer isso? — Britton perguntou.

— Vou.

— Quando?

— Logo.

Ele voltou a balançar as pernas. Um, dois, três. Olhei para o sorvete no meu colo. Não o desembrulhei.

3.

Mal saí de uma cafeteria em Union Square e vejo uma mesa de livros do Partido Socialista dos Trabalhadores plantada numa esquina. "Olga Rodríguez para Prefeita. Vote Trabalhador Socialista", diz o cartaz, porque é outubro de 1997 e todo mundo na cidade está se preparando para a próxima eleição municipal que será disputada por Rudy Giuliani e Ruth Messinger. Todo mundo, menos eu, é claro. Nunca votei em eleição alguma — municipal, presidencial ou qualquer outra — e não pretendo fazer isso agora. Dar meu voto a Olga Rodríguez seria me curvar à vontade do meu pai; dar meu voto a outra pessoa seria traí-lo.

Há uma meia dúzia de camaradas de pé em frente à mesa, oferecendo o *Militante* da semana aos passantes. É sábado, e as ruas estão repletas de estudantes da NYU, casais passeando e garotos com bolas de basquete, mas ninguém para.

"Dê fim à brutalidade policial. Defenda os direitos dos imigrantes. Vote por uma alternativa operária", diz um dos homens a um grupo de jovens negras, que carregam caixas de violinos. Elas continuam andando como se não tivessem ouvido coisa alguma. O camarada vai atrás delas por um momento, mas depois desiste. Seu cabelo é cheio e despenteado e seus sapatos estão gastos. Ele é jovem, mas parece velho. Uma enorme mochila pendurada em suas costas.

Talvez eu devesse comprar um exemplar do *Militante* com ele. Por que não? Custa só $1,50. Ainda mais porque, se meu pai aparece de repente, vai ficar radiante. "Sidsky! Vamos almoçar!"

Quando garoto, passei meus sábados brincando na calçada ao lado de mesas de livros como essa, torcendo para que alguém parasse para comprar. Os locais variavam de semana para semana; às vezes era em frente a um supermercado ou a uma escola ou biblioteca pública, outras vezes nas margens de uma manifestação, outras ainda, apenas uma esquina de uma rua cheia. Às vezes debaixo de chuva, às vezes no mais frio inverno. Ainda consigo ouvir a voz de minha mãe, suave, mas grave, repetindo a manchete daquela semana sem parar, como um mantra, na esperança de despertar o interesse de um passante para a compra do exemplar, ou de uma assinatura inteira, ou mesmo de um livro. Ou para entrar para o partido.

"Dê fim à dominação imperialista norte-americana do Oriente Médio", ela poderia dizer cem vezes em um único sábado, quinhentas vezes, mil vezes.

De meu lugar na calçada, olhava de vez em quando para cima e a observava. Quando uma pessoa se aproximava, ela dava uns passos rápidos em sua direção com *O Militante* estendido, com uma linguagem corporal que dava a impressão de que sua vontade era acompanhar aquela pessoa num passeio, e a pessoa, agudamente consciente de sua proximidade, se enrijecia e acelerava o passo, deixando minha mãe para trás. A interação toda levava apenas alguns segundos. Ela contava com no máximo dez palavras para dar o seu recado.

— Dê fim à dominação imperialista americana...

— Dê fim à dom...

Quando desconhecidos se aproximavam, um depois do outro, eu torcia para que eles comprassem *O Militante* de minha mãe. Talvez essa pessoa compre, eu pensava. Talvez aquela outra. Eu torcia para que mil exemplares de *O Militante* fossem comprados, dez mil, um milhão. E para cada mil pessoas que passavam por ali apressadas, havia sempre uma que, como um milagre, parava para debater, ou para comprar, ou para pôr o nome numa lista a fim de receber anúncios de eventos por vir. E para cada milhão, havia uma que de fato entrava para o partido.

Mas não importa o que acontecesse naquele sábado, fosse qual fosse a contribuição, pequena ou grande, talvez até não mais do que um carro buzinando em apoio, aquilo seria suficiente para dar à minha mãe o sustento necessário e fazê-la aparecer no fim de semana seguinte — e no outro, e no outro — para a mesmíssima tarefa.

Era uma mesa igual àquela mesa pela qual meus pais passaram, numa tarde de outono de 1964, no campus da Universidade de Minnesota, parando por um momento, apenas por um momento, para ouvir do que se tratava aquilo.

Eles haviam se conhecido por acaso sete anos antes em um jantar oferecido por um amigo em comum. Minha mãe era uma estudante de literatura inglesa com aspirações de se tornar escritora, meu pai se empenhava em seu doutorado em matemática. Sua trajetória de Teerã a Minneapolis havia sido longa e improvável, tendo começado quando ele contava 18 anos e entrara para um concurso de redação com o tema "O que é a liberdade?". O concurso fora patrocinado pelo governo americano e oferecia, como prêmio principal, uma bolsa de estudos numa universidade dos Estados Unidos. A ironia de meu pai ter defendido o tema da liberdade com eloquência suficiente para ganhar a bolsa de estudos, e depois passar o resto da vida tentando derrubar o próprio governo que lhe fornecera a bolsa, só era superada pela ironia de o governo que o convocara a considerar a ideia de liberdade estar ao mesmo tempo armando para derrubar o primeiro-ministro do Irã, Mohammed Mossadegh. Meu pai contava que na noite do golpe, em 1953, ele se reuniu nas ruas escuras de Teerã com um grupo de jovens da sua idade, todos querendo descobrir o que fazer, se é que podiam fazer algo, para ajudar o país. Quando os tanques do Xá passaram, eles perceberam que não havia nada a fazer e voltaram para dentro de suas casas, trancando as portas, e poucas semanas mais tarde meu pai já estava, alegremente, agradecidamente, aprendendo matemática nos Estados Unidos.

Já minha mãe escolhera a Universidade de Minnesota porque o irmão dela estava lá completando o doutorado. Foi uma decisão fácil, porque o irmão era Mark Harris, um romancista já reconhecido, que continuaria a escrever quase vinte títulos, sendo o mais famoso *Bang the drum slowly*, transformado em filme com Robert de Niro (no Brasil, *A última batalha do jogador*). No entanto, minha mãe não chegou à universidade sozinha, mas com sua própria mãe, que estava aleijada pela artrite reumatoide e confinada a uma cadeira de rodas. Sua mãe fora frágil e enferma durante praticamente toda a vida, sofrendo de uma doença após outra, cada vez mais debilitada. Seu pai era o oposto: um advogado e proprietário de imóveis, estourado e brigão em ambas as atividades, que permitia que seus prédios em Nova York virassem verdadeiras ruínas, enquanto ele processava e se defendia de locatários, com grande verve, até perder seu registro profissional por roubar o sócio. Quando minha mãe estava com 4 anos, sua mãe contraiu febre reumática, pela segunda vez, e durante sua luta para recuperar a saúde seu marido propôs que ela fosse para Clearwater, na Flórida, enquanto ele mesmo ficava em casa. Essa foi apenas a primeira vez de muitas em que o pai da minha mãe inventou desculpas dúbias para se separar da família. Só, desnorteada e incapaz de cuidar dos filhos numa cidade estranha, minha debilitada avó tomou a decisão de matricular minha mãe na primeira série com apenas 4 anos. Foi uma decisão da qual minha mãe nunca se recuperou: reprovada na quinta série, posta em dependência na faculdade e constantemente atormentada por seu próprio sentimento de ser intelectualmente deficiente. "Martha parece imatura para sua idade", escreveu a professora da primeira série em sua carteira escolar, aparentemente sem se dar conta de que a menininha era quase dois anos mais nova do que as colegas. Quando seu pai, oito anos mais tarde, abandonou a família de uma vez por todas, desaparecendo em Manhattan para sempre, deixou para trás sua filha de 12 anos (os dois filhos já estavam crescidos e bem longe) para cuidar da mulher que estava prestes a se tornar uma inválida. Antes de sair para a escola de manhã, minha mãe tinha que vestir a mãe dela, pentear seus cabelos e amarrar seus sapatos. E toda noite, sem falhar, ela acordava e ia até o quarto da mãe, onde deslizava os braços por sob aquele corpo gasto, transido de dor — 16 aspirinas por dia — virando-o de um lado para o outro. Mas quando minha mãe fez 19 anos e já estava no segundo ano da faculdade, ela conseguiu se desvencilhar da própria mãe, mandando-a em um trem de volta para Mount Vernon para ser cuidada por outras pessoas.

De maneira que, naquele jantarzinho em 1957, a jovem judia e o jovem iraniano foram apresentados e viram algo um no outro e se apaixonaram e, mais ou menos um ano depois, se casaram, mais um ano e tiveram um filho chamado Jacob, mais três anos, uma filha chamada Jamileh.

No início dos anos 1960, a área de Minneapolis se tornara um dos melhores focos de recrutamento para o Partido Socialista dos Trabalhadores. Era conhecida como o "berço do movimento", um alô imodesto a São Petersburgo, que fora batizada o "berço da revolução" pelos bolcheviques. Grupos de jovens camaradas — *desbravadores* — viajavam pela região, indo de um campus a outro tentando seduzir estudantes para a ideia do socialismo. Foi na Universidade de Minnesota que aconteceu de uma meia dúzia desses camaradas chegar numa manhã de sábado, em 1964, abrir sua mesinha, dispor seus exemplares de *O Militante* e desenrolar seu cartaz que proclamava: "Clifton DeBerry para Presidente. Vote Trabalhadores Socialistas."

Consigo até visualizar aquela meia dúzia de camaradas de pé ali com o mesmo jeitão das meias dúzias de camaradas que se colocam hoje na esquina de Union Square. Consigo visualizar a mesma exausta diligência, as mesmas mochilas, os mesmos sapatos gastos, o mesmo *O Militante*. Só que naquela época o jornal custava dez centavos.

— Por que os Estados Unidos estão perdendo a guerra contra os rebeldes do Vietnã!

— Washington admite armar os mercenários do Congo!

— Policiais de Nova York matam mais um porto-riquenho!

Tenho certeza de que gritavam incessantemente, até cair a tarde e suas bocas ficarem secas e eles decidirem encerrar o dia. E justo quando começavam a empacotar os livros e enrolar o cartaz a favor de Clifton DeBerry, vejo um jovem casal passando com dois carrinhos de bebê, aproveitando os últimos dias do outono. "Vamos tentar uma última vez", diz um dos camaradas se aproximando do jovem casal com um exemplar de *O Militante* na mão. "Veja por que Johnson não é resposta para Goldwater."

O casal para.

— A gente diz que somente com a derrubada do capitalismo as desigualdades sociais podem ser resolvidas.

— Quanto custa? — pergunta o casal.

— Dez centavos.

E a jovem esposa pega a bolsa, porque naquela época ela usava bolsa em vez de mochila, e vestia vestidos e salto alto e batom, deixava o cabelo comprido e exibia as pernas raspadas exatamente para valorizá-las.

— Obrigado — diz o camarada, enfiando a moeda no bolso.

Os três começam uma conversa, um segundo camarada se junta ao grupo, talvez um terceiro. Tenho certeza de que eram todos muito simpáticos esses camaradas, simpáticos e vivos e jovens e cheios de ideias.

— Você vai votar em Clifton DeBerry em novembro?

— Ele é o primeiro negro a disputar a presidência.

— Aqui tem um panfleto com o que ele diz sobre a classe trabalhadora.

— Eu votaria nele — diz o jovem iraniano —, mas não sou cidadão. (Nunca virá a ser.)

E a proibição desse voto irritou os camaradas, que viram nisso mais uma forma de discriminação contra os imigrantes.

— Está vendo? — dizem eles — está vendo?

A jovem, porém, aceita o panfleto sobre Clifton DeBerry e diz que vai pensar se vota nele ou não. Então um dos bebês começa a ficar inquieto e o casal se despede dos camaradas, agradecendo-lhes pela atenção, pelos jornais, pelas ideias. E no último minuto um dos camaradas sugere:

— Será que vocês gostariam de pôr seus nomes na nossa lista?

— A gente vai manter vocês informados.

— Tem uma porção de eventos para acontecer.

Assim, o casal dá seus nomes e número de telefone e um até a próxima aos camaradas.

Mais tarde, naquela noite, vejo-os deitados lado a lado na cama do alojamento universitário, depois que as crianças foram dormir, olhando juntos *O Militante*. Talvez lessem o discurso que James Baldwin fez durante uma greve de inquilinos no Harlem. Isso seria interessante para a estudante de literatura inglesa. Talvez olhassem uma fotografia do Xá junto de um risonho Lyndon Johnson, com a legenda: "O Xá manchado de sangue." E isso seria de interesse do jovem que viu os tanques passarem em frente a sua porta de casa. Ou talvez fosse um artigo sobre Che. Ou sobre Patrice Lumumba. Ou sobre o Vietnã. Ou sobre Trotski. Há uma animação naquele jornal que é transmitida para o casal, os dois deitados juntinhos, os pés se tocando, um sentimento de que todas as coisas importantes acontecendo no mundo estão de alguma maneira conectadas com aquele jornal, são influenciadas por ele. Há também uma tristeza naquele jornal na medida em que toda a miséria do mundo está exposta ali em duro detalhe. Mas essa tristeza é atenuada pela esperança: as coisas podem mudar, é claro que elas podem mudar. E sob toda a animação, sob toda a tristeza, sob toda a esperança, há a vontade de vingança, seus tentáculos abraçando o leitor. Tenho certeza de que eles sentiram isso também.

Talvez tenha sido uma semana mais tarde que o camarada ligou e os tenha convidado a comparecer a um fórum sobre Cuba ou o Vietnã. O marido discutiu a ideia com a mulher, que concordou em cancelar os planos para aquela noite de sexta-feira e ficar em casa com os filhos de 1 e 4 anos, enquanto ele ia ao tal fórum. Depois, passadas mais algumas semanas, outro convite para outro fórum, mas dessa vez a mulher também iria, as crianças ficariam com os vizinhos.

— Estaremos de volta às onze.

— Fiquem à vontade.

No fórum, a jovem é contaminada pela certeza, pela confiança dos oradores, e tira da bolsa mais algumas preciosas moedas e faz uma assinatura de *O Militante*. Quando chega novembro, ela ignora o que as multidões estão dizendo sobre Johnson ser melhor do que Goldwater e se decide, pisando no acelerador de Clifton DeBerry (ele recebeu 32 mil votos). Depois disso, Malcolm X é assassinado e há a escalada da Guerra do Vietnã, a assinatura é renovada e o marido decide que Nova York é o lugar para a ação revolucionária. Assim, os dois empacotam suas coisas e, com filho e filha, trocam o campus da Universidade de Minnesota por um apartamento no Brooklyn. Agora há mais fóruns, mais livros, mais manifestações, e o sonho da jovem de se tornar uma escritora é posto de lado por um trabalho que é um trabalho maior, um sonho maior, até que não haja espaço para mais nada. E Che é assassinado, e Martin Luther King é assassinado, e Nixon é eleito (ela pôs na urna a cédula para Fred Halstead, 41 mil votos), e depois nasce o terceiro filho — que sou eu —, e enquanto isso a Guerra do Vietnã continua, as manifestações ficam mais violentas e os comícios mais frequentes. Adiante, marido e mulher vão cada vez mais fundo, mais depressa, até um dia que há uma pausa, brevemente, e o marido para na porta do apartamento, a mão na maçaneta, olhando para baixo e para o lado oposto de sua mulher e seus três filhos, um olhar envergonhado no rosto e uma sacola na mão. Ele abre a porta e sai na ponta dos pés para a eternidade daquela noite.

4.

ENGATINHEI PELA ESCURIDÃO leitosa imaginando que nadava em pleno oceano. Por cima dos assentos, fui de colo em colo. Os colos eram barcos.

— Como vai o pequeno revolucionário esta noite? — cochichou uma voz em meu ouvido.

Eu não estava vendo o rosto daquela voz.

— Vou bem — cochichei de volta.

Então faróis que passavam brevemente iluminaram tudo, vermelho, amarelo, azul, pisca, pisca, e consegui ver o interior do ônibus Greyhound, o corredor estreito, as sacolas sobre os assentos e o companheiro rindo para mim. E aí ficou tudo preto-preto. Eu continuei, meu corpo de 6 anos de idade balançando quando balançava o ônibus, o som do motor zoando embaixo de mim, deixando-me tonto. "O que o pequeno revolucionário está fazendo?", perguntavam as vozes. "Para onde vai o pequeno revolucionário?"

Quando acordei, já era de manhã e tudo se transformara. O barulho, a sujeira, os grandes prédios de Nova York, não havia mais. Tudo se tornara muito amplo e muito plano. As calçadas pareciam ter sido lavadas na antecipação de nossa chegada, e quando desci do ônibus minha mãe se agachou para desamarrar meus sapatos a fim de que eu pudesse andar descalço. Não havia nuvens no céu, e o sol batia forte. O ar cheirava a fresco. Eu estava no campus do Oberlin College em Oberlin, Ohio, onde o Partido Socialista dos Trabalhadores realizava sua convenção nacional anual. Por uma semana, todo mês de agosto, mil camaradas de todo o país, e até do exterior, reuniam-se ali para eleger comitês, discutir estratégia, fazer cursos políticos e levantar fundos.

Sob as árvores, saí correndo.

— Onde está você, Saïd? — chamou minha mãe. — Venha me ajudar com a bagagem.

E ficamos os dois em pé perto das malas, tentando arrumá-las, tentando puxá-las, até um companheiro dizer: "Tudo bem, Martha, levo isso para você." E minha mãe e eu andamos, gratos, atrás dele até o dormitório que nos fora designado, onde viveríamos por uma semana. Um quarto quadrado, limpo, pequeno, com duas camas e uma mesa de madeira que dava para um amplo pátio gramado. "Olhe para mim, mãe!", gritei, pulando de uma cama para outra. "Olhe para mim, sou o Super-Homem!" Da janela, eu via as árvores de maçã ácida que no ano anterior eu escalara e cujos frutos me provocaram uma diarreia de dois dias. Em cima de nosso armário, uma pilha de toalhas e uma barra de sabão cor de laranja, que nos tinham sido generosamente fornecidos. "O sabão cheira gostoso, mãe!"

Depois que desfizemos as malas, minha mãe tirou um cochilo e eu saí para explorar o dormitório. Desabalei pelos corredores, subi e desci escadas, deslumbrado com as sensações alternantes provocadas pelo carpete ou pelo linóleo sob meus pés descalços, enquanto me sentia novamente proprietário de um enorme hotel em que tudo me pertencia. Disparei para dentro e para fora das salas de estar, onde os camaradas se reuniam para fumar e discutir, e pelo lobby do dormitório, onde cartazes gigantescos sobre a Guerra do Vietná, a Quarta Internacional e a ERA (*Equal Rights Amendment*) estavam sendo pendurados.

— Lá vai o pequeno revolucionário! — exclamavam quando eu passava.

Apenas um andar abaixo do meu quarto, ficava a cafeteria, e mais tarde naquele dia minha mãe e eu descemos as escadas para almoçar, saudando os outros camaradas que acabavam de chegar de Chicago e Detroit e Los Angeles, com centenas mais a caminho. "Martha", diziam os camaradas, "não a vejo desde...", e completavam: "Said, como você está crescendo."

Na cafeteria, eu podia comer e beber sem medo de repreensão. Nenhuma acusação era levantada por minha mãe quando eu voltava à mesa com mais uma bandeja cheia de batatas fritas e pizza e bolo e biscoito. Era do leite achocolatado que eu mais gostava, e consumia em vastas quantidades. Eu achava incompreensível que aquilo pudesse jorrar da torneira ininterruptamente. Minha mãe explicava que o leite não era de graça, que nenhuma daquela comida era de fato de graça, e que ela pagara um preço único por tudo aquilo, mas, uma vez que eu não via o dinheiro mudando de mãos, minha impressão era de que tudo era grátis. E foi em Oberlin que comecei a traçar uma forte associação entre revolução e verão e campos gramados e poder-comer-até-fartar.

Naquela noite, quando começou a escurecer, minha mãe e eu andamos até o rinque de patinação na outra ponta do campus, onde sempre acontecia a primeira reunião da convenção. Sentei-me ao lado dela numa cadeira de dobrar, enquanto os camaradas se registravam, enchendo o lugar, suas vozes ribombando na bolha redonda do rinque, de maneira que mil pessoas soavam como um milhão. Do meio dessa multidão, ouvi o fraco chamado do meu nome.

— Saïd!

As vozes estavam longe, mas se aproximavam.

— Saïd!

Fiquei em pé na minha cadeira e me estiquei todo para localizar a origem das vozes.

— Saïd!

E de repente, do amontoado de camaradas, emergiram dois menores, olhos castanhos e cabelos castanhos, com uma estranha e improvável semelhança a mim mesmo: meu irmão e minha irmã.

— Aqui está você! — gritaram.

Eu estava chocado com a altura deles, muito maiores do que da última vez que os vira. E o cabelo da minha irmã agora estava comprido, como de uma mulher, e meu irmão já tinha a sombra de um bigode. Cada um tinha um broche na gola com os dizeres "Venha para a AJS", porque eles eram membros da ala jovem do partido, a Aliança Jovem Socialista. Subitamente, fiquei encabulado na frente deles e tremi quando me tocaram.

— Peguei um peixe! — meu irmão exclamou, curvando-se e me levantando em seus braços.

— Vamos fritá-lo hoje? — minha irmã perguntou.

— Não, não, não — esgoelei-me, e assim eles conseguiram que eu caísse na risada.

Então minha mãe se aproximou. "Oi, Jacob", ela disse com uma dura formalidade, estendendo a mão para que ele a apertasse. Alguns dos camaradas se dispuseram a abrir espaço na fila de cadeiras de maneira que pudéssemos ficar todos juntos e, quando nos acomodamos, meu irmão e minha irmã me disseram em qual dormitório estavam, me contaram uma história gozada da hora em que desfizeram as malas e me informaram que meu pai estava em algum lugar na frente da plateia, ou no meio da plateia, e que ele queria me ver, mas que não podia ainda, porque tinha que discutir uns pontos com os oradores, mas logo, logo. Depois me perguntaram quais foram as coisas legais que eu tinha feito nos últimos seis meses, ou no último ano, ou fosse qual fosse o tempo que não nos víamos, mas, antes que eu pudesse responder, um orador subiu ao palco, um "psiu" pairou sobre o rinque, e meu irmão e minha irmã pegaram seus lápis e cadernos.

"Bem-vindos, companheiros", disse o camarada ao microfone, e assim começaram os discursos.

Houve um tempo no começo quando estávamos todos juntos. Éramos em cinco. Mas as coisas não funcionaram e, cerca de três anos depois que meu pai foi embora, minha irmã fez as malas e partiu para uma misteriosa área do Brooklyn onde supostamente meu pai estava vivendo com uma companheira do partido. Guardei uma única memória de minha irmã, da época em que ela estava provavelmente com 8 anos, e eu provavelmente com 3, e ela estava ajoelhada à minha frente para me tirar os sapatos, mas, sem saber como desfazer o laço, o que devia ser desfeito ficava cada vez mais apertado. E nós dois caímos na gargalhada.

Na sua ausência, meu irmão e eu enchíamos o apartamento com elaboradas brincadeiras. Ele tinha 12 anos, e portanto eu ficava mais que feliz de andar atrás dele como o seu segundo no comando. "Nosso quarto é a selva", ele dizia, "e nossas camas são leões". Ou então: "Eu sou o Super-Homem, e você, o Batman". Mas apenas poucos meses depois de minha irmã sair, meu irmão também fez as malas e foi para longe, deixando-me com uma última imagem dele enfiando a mão numa caixa de cereais e retirando um brinde, um dinossauro de plástico amarelo, que generosamente ele me deu.

Por isso, quando cheguei aos meus 4 anos, éramos somente minha mãe e eu. E eu fiquei amigo do Britton, passando dias em seu quarto, fazendo nada, vendo desenho animado.

Um dia, magicamente, minha irmã voltou para nós, do nada, dizendo que tinha sido infeliz com meu pai, que não gostava da namorada dele, dando a impressão de que as coisas estavam revertendo, e logo meu irmão retornaria também. A única lembrança de minha irmã tentando desatar o cadarço do meu sapato se multiplica em muitas lembranças. Lá estamos de manhã, caminhando juntos para a escola. Lá estamos à tarde, voltando para casa. Lá estamos à noite, minha irmã me pondo na cama, me beijando e depois, inexplicavelmente, puxando um fio de cabelo de sua cabeça, que eu colocava na minha coberta para que roçasse meu rosto durante o sono.

Uma tarde enquanto brincava do lado de fora no parquinho, caí do meu velocípede e desmaiei. Quando despertei, minha irmã estava sentada ao meu lado.

— Vai dar tudo certo — ela disse e curvou-se, me pegou em um braço, o velocípede no outro.

Na entrada do nosso prédio, um homem viu o dilema e veio em nossa ajuda.

— Deixe-me carregar seu irmão — ofereceu.

— Não — respondeu minha irmã. — Eu levo meu irmão. O senhor leva o velocípede.

Logo depois desse episódio, ela foi visitar meu pai no fim de semana e, ao voltar, fez um comentário displicente sobre o quanto havia se divertido. Abruptamente, minha mãe teve um ataque de raiva.

— Com qual de nós dois você quer viver? — gritou do outro lado da mesa de jantar.

— Quero viver com você, mãe!

— Decida hoje! De uma vez por todas!

— Eu disse que quero viver com você, mãe!

A fúria de minha mãe escalou de tal maneira que virou um furacão. Eu acompanhei, observando de fora, à medida que o furacão saía de um cômodo e entrava em outro. Minha irmã ficou calada o tempo todo, seu rosto uma expressão de vazio. Depois de uma hora de suplício, minha mãe, para enfatizar um argumento que ela estava expondo, pegou uma dúzia de marcadores coloridos de minha irmã, que estavam à mão, e lançou-os pelo quarto. Eles se espalharam pelo chão e embaixo da mobília, cada um numa direção. Imediatamente, me pus de quatro e comecei a apanhá-los, feliz de fazer algo útil. Quando acabei de reuni-los todos, apresentei-os a minha irmã. Mesmo no meio do furor de minha mãe, ela teve presença de espírito para se virar e me agradecer.

— Obrigada.

— De nada.

— Decida! Decida!

Mais tarde, quase à meia-noite, na quietude de apartamento, observei da porta do meu quarto enquanto minha irmã fazia uma malinha com seus pertences.

— Você ainda volta? — perguntei.

— Não — ela disse. E nunca voltou.

Durante os longos dias em Oberlin enquanto todo mundo, inclusive meu irmão e minha irmã, ficava sequestrado a portas fechadas para reuniões e plenárias, eu passava o tempo brincado com uma dúzia de outros filhos de companheiros. Meu preferido era Frankie Halstead, filho de Fred Halstead — uma liderança do partido, candidato a presidente em 1968, que pesava bem uns 200 quilos. Frankie era mais velho do que eu apenas uns poucos anos e não era grande como o pai. Na verdade, era baixo e magrinho, mas se projetava com uma segurança desmedida, que eu admirava. Uma vez eu o vi discutir com um garoto metido, de 13 anos, da Aliança Jovem Socialista, e resolver o assunto empurrando-o sobre uma cerca. Ele também era excelente no baseball e parecia saber de cor todo e qualquer dado estatístico. Tinha cartões de baseball e programas de baseball e uma bola de falta que ele havia apanhado em um jogo dos Dodger. "Você pode ficar com ela", disse-me ele, "pego umas trinta por ano".

Com Frankie na liderança, nossa dúzia de crianças se movia pelo campus como gado, indo de um pátio gramado para outro, descobrindo coisas novas no caminho, até atravessar o campus inteiro. Tudo calmo e silencioso. Nenhum adulto à vista. Aprontávamos sem medo de vigilância. "Vamos subir na árvore atrás da biblioteca", Frankie poderia sugerir, e lá íamos nós. Se o sol esquentava demais, nos protegíamos nos dormitórios e corríamos desbragadamente pelas salas e corredores vazios. De vez em quando, quebrávamos algo, como uma máquina de vender bala e refrigerante, e tratávamos de escapar cobrindo nossas pistas. Éramos sempre os primeiros na fila do almoço, nos amontoando impacientemente à entrada da cafeteria, enquanto os companheiros começavam a pingar de volta de suas sessões matinais. Quando finalmente nos autorizavam a entrada, corríamos mal-educados à frente de todo mundo para encher nossas bandejas com guloseimas, voltando ao balcão para segundas e terceiras rodadas, nos empanturrando tanto que ao final deixávamos montes de macarrão e tortas nos pratos.

Quando terminava o almoço, os camaradas se congregavam no pátio para jogar um pouco de vôlei antes do início das reuniões vespertinas.

— Ei, garotada, vamos cantar uma música — chamou um camarada com um violão.

E nós nos sentamos na grama para ouvir o cara cantar. "Estou cansado de ser explorado pelo patrão. Estou cansado de ser oprimido." Sua voz era profunda e alta, seus dedos se moviam para cima e para baixo na guitarra. "Estou cansado de ser explorado pelo patrão", cantamos também, "estou cansado de ser oprimido".

Depois o camarada pediu que disséssemos quem mais nos explorava e oprimia e, enquanto ele dedilhava as notas, nós pensamos muito e concentradamente, mas não veio ninguém à cabeça.

— Vamos lá, pessoal, vocês sabem de mais alguém.

— A professora — uma menina finalmente sugeriu, e todos nós concordamos, mas o camarada disse que estava errado; que a professora era uma trabalhadora também e tão explorada quanto qualquer um. Então ninguém mais sabia o que dizer. Era evidente que o camarada estava ficando frustrado, quando afinal ele disse:

— O senhorio.

E nós cantamos "estou cansado de ser explorado pelo senhorio, estou cansado de ser oprimido".

Uma noite, mais para o final da semana, minha irmã veio e me achou, e juntos andamos de mãos dadas até a cafeteria do outro lado do campus, onde meu pai fazia suas refeições. Nosso passo era rápido e focado, e corri para lhe contar sobre minhas muitas aventuras ao longo da semana.

— Ei, Jamileh — chamou um camarada —, esse aí é seu irmão? Não sabia que você tinha um irmãozinho.

No caminho, passamos por uma pequena mesa coberta de panfletos e cercada por homens tristes que haviam sido expulsos do partido anos atrás. "Esses não são companheiros", minha mãe bronqueou comigo uma vez, quando fui até a mesa deles dizer oi. "Estão aqui para criar confusão."

— A revolução precisa de um partido revolucionário — disseram os homens à minha irmã, com uma voz de súplica, vindo até ela, braços estendidos com seus panfletos. — A revolução precisa...

Mas minha irmã os ignorou e, passando o braço pelo meu ombro, afastou-me deles.

No jantar, fui incrivelmente educado. Sentei-me reto em minha cadeira, comi com moderação e tentei não deixar cair restos na mesa. Cuidei também para dizer "por favor" e "obrigado".

— E aí, meu velho — gritou meu irmão para meu pai com uma familiaridade brincalhona que me assustou —, pode me passar o sal e a pimenta?

— Pazo, pazo — respondeu meu pai, esticando seu longo braço por cima da mesa.

— Pazo, pazo — meu irmão repetiu, imitando seu sotaque.

— Pazo, pazo — minha irmã, também.

À medida que a refeição progredia, a mesa ia ficando muito louca com um carnaval de vozes que disputavam a atenção do meu pai. Havia algo de monárquico na maneira de ele se sentar ali, um monarca boa gente, suas mãos abertas sobre a mesa enquanto ouvia respeitosamente seus camaradas iranianos que haviam puxado cadeiras para discutir o Xá. Primeiro, falaram em farsi, depois em inglês, de modo que os camaradas americanos pudessem oferecer seus pontos de vista. E então meu irmão e minha irmã, que a essa altura já afetavam um ar culto, sofisticado, pegaram seus cadernos e canetas e também mergulharam na conversa.

Em meio ao caos crescente, a namorada do meu pai pôs seu braço em torno da minha cadeira e aproveitou a oportunidade para me ensinar coisas que eu já sabia há muito tempo. "Isto é um círculo", disse, com um tom amigo, passando o dedo na beirada do meu copo de leite achocolatado. Seu nome era Dianne, e eu tinha consciência de que ela era o oposto da minha mãe. Era alta e segura e já havia se candidatado a senadora pela Califórnia, enquanto minha mãe era baixa e ansiosa e trabalhava como secretária. Era também mais bonita do que minha mãe e tinha cabelo comprido, e isso me perturbou. Eu sabia que Dianne era a namorada do meu pai, e na minha estrutura mental de 6 anos achava que ela se tornara a mãe do meu irmão e da minha irmã.

A refeição ia pelo meio, quando senti uma incontrolável vontade de dizer algo a meu pai, contar-lhe algo sobre o meu dia, mas não sabia como atrair sua atenção porque não sabia como chamá-lo. No maternal, eu tive uma professora filipina cujo nome não conseguia pronunciar, por isso dei para prefaciar qualquer coisa que quisesse dizer com um "ei, olha só!". Dizia isso com tanta frequência que já soava como estivesse chamando seu nome — talvez até eu achasse que era esse o nome dela —, pois uma tarde outra professora me disse bruscamente: "O nome dela não é 'ei, olha só'."

— Ei, olha só! — gritei para meu pai.

A mesa ficou em silêncio. Meu pai olhou-me por trás de seus óculos redondos — óculos redondos em um rosto redondo. Sua barriga também era redonda e parecia apertada contra a mesa. Ele era careca, mas tinha pelo no rosto. Sua pele era escura porque ele era iraniano.

— Eu subi na árvore atrás da biblioteca! — eu disse.

Meu pai piscou. "É mesmo?", perguntou, como se tivesse ouvido uma notícia importante. "A árvore atrás da biblioteca."

— Como um macaco — eu disse.

— Como um macaco — ele repetiu.

A mesa caiu na gargalhada. Meu irmão e minha irmã me olharam desapontados.

— Ele é tão engraçadinho — disse uma das camaradas, aproximando-se para mexer no meu cabelo.

Então alguém disse algo sobre o Xá, e a atenção do meu pai foi rapidamente conduzida para a questão que estava posta.

Dianne pegou um guardanapo e me disse: "Isso é um quadrado."

Na última noite da convenção, todo mundo se reuniu na capela do campus para levantar fundos. Eu me sentei com minha mãe na primeira fileira do balcão e olhei para baixo sobre o parapeito. Eu sabia que em algum lugar lá embaixo estava o resto da minha família e sabia também que em algum momento durante a semana minha mãe e meu pai haviam se encontrado brevemente, cordialmente, mas eu não pudera participar do encontro. Agora eu só via uma grande massa de camaradas enchendo os bancos da igreja e se espalhando pelos corredores, um zum-zum de conversa animada e nervosa. Quando todo mundo se sentou, os oradores aproximaram-se do pódio e, um após o outro, todos expuseram em detalhe a infeliz situação do mundo. "Camaradas... a classe dominante está consolidando o poder." Eu conseguia ouvir o silêncio preocupado que cobriu a plateia e permaneci o mais quieto possível, a vibração sombria me envolvendo também. "Camaradas... estamos às vésperas de uma depressão mundial."

Mas em algum momento os discursos começaram a mudar de tom à medida que eles descreviam o estado do Partido Socialista dos Trabalhadores, o que fora alcançado naquela semana, o que viria a ser alcançado naquele ano e os vários projetos que estavam sendo levados a cabo, como a modernização da impressora, por exemplo, e como a luta partidária contra a classe dominante seria mais eficaz quando tivessem terminado a reforma da impressora, e todos os *Militantes* e livros e panfletos pudessem ser impressos de maneira mais eficiente e barata. E então, enquanto falavam os oradores, a plateia começou a se reanimar com energia e otimismo, as primeiras tentativas de palmas espocaram, curtas explosões de aplauso que logo se tornaram mais longas e mais firmes até a hora de Jack Barnes, secretário nacional e líder do partido, subir ao pódio.

— Camaradas — disse Barnes, e a capela ficou silenciosa, cheia de expectativa, enquanto ele ajustava o microfone e olhava para aquele mar de rostos e em seguida na direção das pessoas que estavam no balcão.

Barnes me deixava nervoso, e eu sempre ficava com medo quando o via. Era magro, careca, um homem comum, de Minneapolis, com um rosto comprido e uma voz aguda, que passaria completamente despercebido se não fosse pelo repulsivo fato de seu braço esquerdo terminar logo depois do cotovelo. Ele tinha o gosto infeliz de vestir camisas de manga curta e, quando gesticulava, aquele fragmento de braço balançava para lá e para cá, fazendo-me acreditar que ele tinha a posse fantasmagórica de um braço inteiro, a mão inteira, todos os dedos, tudo enfaticamente apontado na direção da luta futura. Na minha cabeça, era como um verme que, depois de cortado em dois, continuava a viver.

— Companheiros — disse ele para a audiência arrebatada.
— Companheiros, o Partido Socialista dos Trabalhadores está agora na vanguarda da classe operária.

E aí a capela explodiu. Uma explosão longa, alta e contínua. Todo mundo aplaudiu e bateu os pés, inclusive minha mãe. Isso continuou como se não fosse acabar nunca. Tenho certeza de que meu irmão e minha irmã, meu pai e Dianne aplaudiram e bateram os pés também. Também aderi, golpeando meus pés descalços contra o chão de madeira, somando ao tumulto. O prédio balançava e vibrava com o som, chegava a tremer. Até finalmente, depois de um longo intervalo, Jack Barnes estender seu braço bom para acalmar a plateia.

— Companheiros, por favor — conclamou. — Companheiros, por favor. Acabo de ser informado que o aplauso está ameaçando comprometer a estrutura da capela — o que, é claro, fez todo mundo aplaudir e bater os pés com mais força ainda.

E aí chegou a hora de coletar o dinheiro.

Na manhã seguinte, cedinho, eu me reuni com Frankie e as outras crianças na cafeteria e enchi a cara uma última vez com panquecas e waffles. Depois disse "Até o ano que vem", fui para meu dormitório, fiz minha mala, calcei meus sapatos e fui com minha mãe até o lobby, que estava sendo esvaziado dos cartazes sobre a Guerra do Vietná e a Quarta Internacional.

— Deixe-me ajudar com essas malas — ofereceu um companheiro, e eu os segui até uma longa fila de ônibus Greyhound que estava à espera dos militantes.

Na calçada larga e limpa, andei para cima e para baixo entre as bagagens, em busca de meu irmão e minha irmã, até finalmente me dizerem que eles já tinham ido embora para o Brooklyn e que mandaram me dizer que nos veríamos em breve, definitivamente, muito em breve. E então minha mãe e eu subimos no ônibus e o motorista deu a partida. Pela janela, eu vi o campus sumir na distância.

Semanas mais tarde, meses mais tarde, quando as memórias começavam a se apagar, às vezes eu subia no colo de minha mãe quando ela voltava do seu trabalho de secretária, cansada e infeliz, e ficava ali quietinho, só nós dois. Seus braços me cingiam, e ela me apertava contra os seios, e eu sentia sua respiração, seu peito subindo e descendo.

Naquela morna quietude, eu às vezes lhe perguntava quando ela achava que chegaria a revolução.

— Quando vai chegar, mãe?

— Logo — ela respondia, rapidamente se alegrando, sorrindo. — É inevitável.

— Eu vou ter 7 anos?

— Bem, não — ela dizia, com a maior paciência. — A revolução vai demorar um pouquinho mais que isso.

— Quando eu tiver dez?

— Não.

— Onze?

— Não.

— Quando eu tiver dezoito?

E aí ela dizia: "Isso, Saïd. Isso. Quando você tiver 18 anos, a revolução vai chegar."

5.

UM TRAÇO MARCANTE de um militante dedicado do Partido Socialista dos Trabalhadores é a disposição de abrir sua casa a companheiros que estejam visitando Nova York para colaborar numa campanha, ou fazer um discurso, ou para modernizar a impressora. Comunistas não têm que ter uma ligação sentimental com suas casas; elas estão lá para oferecer abrigo e, como muitos outros objetos, meias ou colheres, são boas enquanto úteis. "Quando vier a revolução", minha mãe dizia, "as pessoas vão morar onde quiserem, porque a propriedade privada será uma coisa do passado".

E foi assim que, apenas uns poucos meses antes de eu fazer 5 anos, minha mãe aceitou que um companheiro de São Francisco ficasse conosco por uns poucos dias, enquanto ele trabalhava na reforma da sede nacional do partido. Afinal de contas, tínhamos o quarto vazio do meu irmão e da minha irmã.

— Eu sou o .... — disse o companheiro ao entrar em nossa casa, apertando a mão de minha mãe. Seu rosto era largo e simpático, coberto por uma barba e encimado por uma imensa cabeleira que o fazia parecer com um lenhador.

— Eu sou Martha Harris — respondeu minha mãe. — É um prazer conhecê-lo. Por favor, entre. Ponha suas malas em qualquer lugar. Vou lhe mostrar a casa. Este é meu filho Saïd.

O homem ajoelhou-se à minha frente e estendeu a mão.

— É um prazer conhecê-lo, Saïd.

— Você parece um lenhador — disse-lhe de cara, e isso o fez sacudir-se todo de tanto rir.

Na primeira noite, para retribuir à minha mãe por sua gentileza de lhe abrir a casa (embora tal sacrifício tenha sido feito com total abnegação), ele consertou uma luminária que estava quebrada fazia tempo.

— Primeiro, vou verificar se ela está desconectada — explicou-me com toda paciência. — Agora, vou tirar a cúpula. Agora, vou desparafusá-la.

Eu tive permissão até para lhe passar algumas das ferramentas, mas minhas mãos eram tão pequenas que as ferramentas caíram no chão. Minha mãe e o hóspede acharam isso adorável.

Quando o homem terminou o serviço, ele apertou o interruptor e a sala encheu-se de luz.

— Olhe que maravilha — disse minha mãe.

Na segunda noite, sentamos todos juntos para jantar. Isso foi estranho, porque nunca antes homem algum comera conosco. Fiquei espantado com a tremenda quantidade que o camarada consumia, colherada após colherada desaparecendo em sua boca. O camarada era também extremamente educado e solicitava o sal com toda polidez, quase delicadeza, e passava a manteiga se você a queria, e ele elogiou a comida de minha mãe e disse que eu era um menino muito bom.

Na terceira noite, o camarada ofereceu-se para tomar conta de mim enquanto minha mãe ia a uma reunião.

Não. Minha mãe jamais lhe pediria isso.

Não era incômodo algum para ele.

Tem certeza?

Claro que tinha certeza.

Ela chegaria por volta das onze.

Fique à vontade.

Muito legal de sua parte.

E então minha mãe, feliz de se ver livre e sem maiores responsabilidades, me beijou na cabeça, disse para eu me comportar, pegou sua mochila e fechou a porta atrás dela, trancando-me dentro, sozinho com um homem que ela não conhecia a não ser pelo fato de se tratar de um revolucionário e, portanto, um amigo. Um camarada.

— Vamos brincar — disse o camarada.

Entrei em êxtase e imediatamente reinventei as brincadeiras que meu irmão e eu fazíamos no apartamento.

— Olhe para mim! Sou um monstro! — gritei.

— Estou morrendo de medo — gritou o camarada, fugindo de mim e se escondendo atrás da cadeira. Fiquei deliciado com aquele terror de mentirinha.

Minha mãe já estaria então a alguns quarteirões, descendo os degraus do metrô, fuxicando na bolsa em busca da ficha, jogando-a para liberar a catraca, empurrando a catraca, olhando para os trilhos vazios, se perguntando quanto tempo o trem ainda iria demorar.

— O monstro agora vai me pegar!

Minhas risadas enchiam o apartamento na hora em que chegou o trem, minha mãe entrou, se sentou, cruzou as pernas, pegou alguma coisa para ler, se balançou no metrô à medida que ele abria caminho por baixo da terra em direção a Manhattan.

Quando me cansei de ser o monstro, o camarada virou o monstro e fez o que mamãe não conseguia fazer, curvando-se para me pegar pelas pernas e me balançar sobre seu ombro. Sua força me excitava.

— O monstro te pegou! O monstro te pegou!

— O monstro me pegou! — rindo, rindo.

— Você está rindo demais — disse o camarada, e suas falsas ameaças me fizeram rir ainda mais.

E então chegou a estação de minha mãe, e ela saiu do metrô, andou até a rua e dobrou a esquina da Broadway e subiu o elevador até o oitavo andar do prédio do Partido Socialista dos Trabalhadores, onde cumprimentou todo mundo.

E agora eu estava sentado no colo do camarada só com minhas roupas de baixo, e seu rosto estava maior agora, mais perto agora, suas mãos fazendo cócegas embaixo dos meus braços, depois por sob a minha blusa, depois na batata da minha perna. E eu me perguntava como tinha acabado assim, só com a roupa de baixo.

— Pare de rir — o camarada provocou. — Chega de risada.

Sua voz estava perto de meu ouvido, um estrondo lá dentro, e eu sentia suas mãos subindo até os joelhos, depois acima dos joelhos. Gritei com sua pegada.

— Se continuar rindo, você vai ficar doente.

Então suas mãos chegaram a minhas coxas, e acima delas.

E eu lutei para me livrar de seus braços, e enquanto minha mãe se sentava e esperava que o orador pegasse o microfone, o camarada puxou o elástico da minha cueca e pôs sua mão lá dentro, enviando uma onda de choques por todo o meu corpo.

— Companheiros, obrigado a todos por terem vindo — entoou o primeiro orador da noite.

— Você está doente — me disse o camarada num desafio brincalhão. — Você pegou uma doença. O médico agora vai ter que fazer uma operação importante.

Então ele abriu o zíper de sua calça.

6.

POR NOVE HORAS ao dia, cinco dias por semana, eu me sento em um escritório branco, brilhante, que pertence a Martha Stewart, a bilionária imperatriz de tudo relacionado com a economia do lar. Meu trabalho é colaborar no projeto gráfico de caixas e sacolas e rótulos e etiquetas, que ao final serão cheios de objetos ou colados em objetos tais como pratos de metal e luminárias e lençóis e cortinas de algodão puro cor de vinho. É um trabalho chato, com certeza, sem criatividade e repetitivo, e sem reconhecimento, mas é um supremo prazer mergulhar diariamente naqueles exuberantes delírios, em cor-de-rosa ou em verde-cartuxo, rodeado por lindas jovens e pelo odor de bolo assado na cozinha montada para testes. De tempos em tempos, tenho uma visão de Martha, alta, loura, imponente — tendo, perturbadoramente, o mesmo nome que minha mãe —, quando ela passa pelo saguão, rapidamente, a caminho de alguma reunião que lhe fará ainda mais rica do que já é. Trabalho para ela há alguns anos, mas Martha ignora totalmente minha existência. Estou certo, porém, que um dia ela vai me notar, sorrirá para mim — "quem é você?", perguntará — e vai me convidar a passar o fim de semana em um de seus palacetes no Maine ou em Connecticut ou Westchester, para onde irei alegremente, sem hesitação.

No meio tempo, fui infectado por seu senso de estilo.

Apenas poucos meses atrás, minha colega Karen me deu algumas fronhas extras para levar para casa. De volta ao meu quarto e sala, troquei, todo feliz, minhas velhas fronhas desbotadas por essas outras, da cor de lavanda, e imaginei uma namorada — Karen? — descansando sua cabeça sobre elas. Uma vez as fronhas instaladas, porém, percebi como estavam desbotados meus lençóis, que, portanto, também tinham que ser trocados. E já que os lençóis velhos se foram, era a vez dos cobertores. A cada novidade, por menor que fosse, eu me maravilhava com a transfiguração do meu apartamento. E como eu me sentia transfigurado dentro dele. E por aí foram minhas aquisições, até eu chegar a minha mais recente aventura de me pôr de pé, estudando, no meio de um corredor da Bed Bath & Beyond, e tentando escolher uma caixa para lenços de papel. Não tinha a menor ideia de que as houvesse em tantos estilos.

Mas não importa. Já cheguei à conclusão que metal escovado é de longe a escolha mais atrativa, mais sofisticada, e é o que eu quero. "$24,99", diz a etiqueta.

O que me cria um dilema, porque por $16,99 posso comprar a caixa de aço inoxidável, que é, quando paro para pensar, quase a mesma coisa que metal escovado. E poupar oito dólares não seria a coisa sensata a fazer? É claro que a coisa sensata a fazer seria não comprar uma caixa para lenços de papel, porque uma caixa para lenços de papel é uma invenção quase desprovida de sentido. Quando eu era criança, minha mãe não tinha uma caixa para lenços de papel, porque os lenços vinham numa caixa, e qual era o sentido de guardar uma coisa que já chegava guardada? Havia tempos até em que simplesmente não tínhamos lenços de papel e usávamos papel higiênico para assoar nossos narizes. Meu dilema, portanto, era profundo.

Sinto o impulso distante, perturbador, de roubar. Ele começa nos meus ombros e se estende até as minhas mãos. Isso resolveria a situação facilmente. Roubei muito durante a minha vida, de lojas, de pessoas, de locais de trabalho. Algumas vezes era apanhado e censurado, mas em geral me safava. Em geral, levava coisas que eu poderia ter, mas que não me permitia comprar. Quando eu tinha 13 anos, roubei uma pilha de revistas em quadrinhos de um 7-Eleven e fui perseguido pelo caixa por cinco quarteirões. Corri para me salvar, a respiração ofegante, as pernas tremendo loucamente. Quando virei a esquina do prédio do meu amigo, escorreguei e caí e os quadrinhos se espalharam pela calçada. Não tinha escolha, era deixá-los lá ou salvar a vida. Voei para o subsolo do amigo, com o caixa nos meus calcanhares. "Alguém, por favor, pare o menino!" Ele já tinha recuperado os quadrinhos, mas agora queria justiça. A primeira porta em que dei era a lavanderia e, quando entrei, percebi em pânico que eu havia me posto em um beco sem saída. Mas não havia mais tempo para dar meia volta e escapar. No canto, havia uma porta de madeira azul, corri para abri-la. À primeira vista, era apenas um closet pequeno e escuro, mas, quando enfiei a cabeça dentro e olhei à direita, vi uma privada. Eu já ouvia o caixa chegando, então me sentei na privada e fechei a porta. Agora que eu podia descansar, o suor começou a pingar pela testa e pelo peito, e o som de minha respiração era alto e forçado. No último segundo, notei uma tranca de prata pendurada na porta, mas ao estender o braço para pegá-la, os passos se fizeram ouvir na lavanderia e puxei minha mão para dentro. Segurei a respiração e esperei. Fez-se silêncio. Depois, os passos se aproximaram da porta, que foi escancarada. O cantinho encheu-se de luz. Tudo que o caixa tinha que fazer era esticar a cabeça dentro e olhar à direita, onde encontraria o criminoso sentado na privada, mas, milagrosamente, ele não fez isso, e a porta se fechou tão rapidamente quanto se abrira, os passos se distanciaram da lavanderia e, depois de um tempo, eu me levantei, espanei a roupa e subi para o apartamento de meu amigo. *Qualquer crime contra a sociedade é um bom crime.*

Não sou mais ladrão. Estou muito velho e cheguei muito longe. O impulso permanece, no entanto. Ficará lá para sempre, tenho certeza. Todo mundo a minha volta na Bed Bath & Beyond, consumidores velhos e jovens enchem suas cestas e carrinho com todo tipo de artigos. Eles acham maravilhosas suas múltiplas opções. E, de repente, como um ímã pulando da geladeira por conta própria, agarro a caixa de metal escovado e caminho rapidamente, cheio de decisão, na direção do caixa. $24,99. O metal brilha. Vai ficar tão bacana no meu banheiro. Vou acender uma vela e tomar um banho de banheira e olhar minha caixa em metal escovado para lenços de papel. É o meu programa para essa noite.

E então na próxima semana eu voltarei e comprarei uma cortina de chuveiro.

7.

NUMA TARDE GELADA de janeiro, logo em seguida ao meu sétimo aniversário, fiquei sozinho numa vizinhança estranha, incapaz de destrancar uma porta.

"Preste atenção, Saïd", minha mãe dissera um dia antes enquanto demonstrava como eu deveria usar a chave. Aparentemente, havia uma imperfeição qualquer na relação da chave com a fechadura, mas se ela fosse torcida do jeito certo e em certo ângulo, a porta se abria. Tinha parecido fácil quando minha mãe fez, mas no dia seguinte, eu ali sozinho tentando virar a chave, primeiro para um lado e depois para o outro, depois a enfiando de cabeça para baixo e então tentando metê-la com força bruta — o que era um ato de puro desespero —, a tranca simplesmente não se destrancava. Será que eu estava na porta errada?

Estava escurecendo e eu sabia que minha mãe não voltaria tão cedo. Para complicar ainda mais as coisas, eu não estava adequadamente vestido para o frio. Meu casaco era mais um paletozinho do que um casaco, e eu não estava de chapéu ou capuz. Minhas luvas não ajudavam numa operação tão delicada como destrancar uma porta, mas quando as tirei, minhas mãos se congelaram e a chave caiu no chão. A porta tinha uma proteção contra o mau tempo e, enquanto eu trabalhava na fechadura, soprou o vento do rio, fazendo essa porta extra balançar e bater em mim. Eu também estava com vontade de ir ao banheiro.

Jogada ali perto, havia uma geladeira com sua porta ainda intacta.

— Isso é perigoso — me disse minha mãe no meio da lição. — Você pode sufocar lá dentro.

Juntos, tentamos virar a geladeira de maneira que sua porta ficasse voltada para o muro e ela, inacessível, mas minha mãe era uma mulher pequena, e eu, uma criança pequena, e nós dois somados não tínhamos essa força.

— O senhorio deveria estar cuidando disso — minha mãe falou comigo como se fosse eu o senhorio —, mas tenho certeza de que o filho da puta não liga a mínima!

Uma negra mais ou menos da idade de minha mãe passou com seu filho, que também tinha mais ou menos a minha idade, e minha mãe falou com ela abruptamente: "Ei! Você mora por aqui? Desculpe! Você mora por aqui?"

A mulher piscou, confusa: "O que você disse?"

Deveria ser uma pergunta estranha para ser colocada assim por uma desconhecida, uma desconhecida branca, e a mulher pareceu tomá-la como uma afronta.

— Essa geladeira — disse minha mãe, apontando para o eletrodoméstico como se fosse um bicho vivo — o senhorio deveria tirar daqui. Tome cuidado para que seu filho não brinque por aqui.

A mulher meneou a cabeça e disse "ok", mas ainda parecia incapaz de discernir pelo tom de minha mãe se ela estava sendo hostil ou solícita. Depois, pegou seu filho pela mão, e os dois foram embora.

Nossa partida do Brooklyn pareceu uma operação clandestina: os pertences jogados às pressas nas caixas, como se estivéssemos planejando uma fuga. A mobília foi vendida pelo preço que o comprador quisesse pagar. Acompanhei tudo ir embora. Com a ajuda de uma dúzia de camaradas, minha mãe carregou a caminhonete da mudança numa fria tarde de sol, em dezembro, quatro dias antes do meu sétimo aniversário. Capaz de levar somente os objetos mais leves, eu observei como espectador enquanto as caixas eram postas uma em cima da outra, balançando no alto, todas as coisas não vendidas de nossas vidas, até mesmo um pote de plantas. Quando chegou a hora de entrar no carro, Britton surgiu do edifício e estendeu sua mão como um adulto. Onde teria ele aprendido a fazer esse gesto?

— Adeus — disse ele.

Apertei sua mão: "Adeus."

Ao escolher Pittsburgh, minha mãe estava mais uma vez seguindo os farelos de pão que a levavam a seu irmão Mark, então professor na Universidade de Pittsburgh, gozando a consagração advinda de seu filme, *A última batalha de um jogador*. "Um filme que todo mundo vai amar!", dizia o anúncio. Tinha sido meu tio que sugeriu que uma mãe sozinha com seu filho teria uma vida mais fácil numa cidade menor, mais devagar, como Pittsburgh. E foi só por causa dele e sua generosidade que, no começo, a vida me pareceu extravagante e radicalmente o oposto de uma privação. Durante a primeira semana, minha mãe e eu moramos com ele e sua família em sua casa imensa, com um piano, tapetes macios, um quintal, um Mercedes azul-claro, uma empregada negra e um quadro extraordinário, de uns três metros de largura, talvez quatro metros, de uma barra de chocolate parcialmente desembrulhada. Quando eu passava por essa barra de chocolate pendurada na parede da escada, tinha vontade de estender minha mão, pegar um pedaço e pôr na boca, e depois enfrentar as consequências de minha ação. Meu tio era agradável e boa gente, a cabeça e o nariz cheios de cabelo branco, e saía de vez em quando de seu escritório para falar comigo como se eu fosse um adulto: "Martha me disse que você também tem interesse por literatura." Eu passava a maior parte dos dias brincando com meu primo Henry, que era seis anos mais velho do que eu e que havia construído uma elaborada cidade de brinquedo em seu porão, com casas e carros e gente em miniatura, e correndo pelo meio disso tudo um trem elétrico. Eu ficava olhando o tempo todo, incansavelmente, enquanto ele punha a locomotiva para rodar e rodar.

Entendi, é claro, que ali tinha passado a ser a minha casa e que eu moraria lá para sempre. Mas por algum motivo, apenas uma semana depois de minha mãe e eu termos chegado, fizemos nossas malas e fomos para outro lugar. O lugar que encontramos não era uma casa, mas um quarto e sala pertencente a um animado casal do Partido Socialista dos Trabalhadores, chamados Ed e Carla, que, generosamente, permitiram que ficássemos com eles. De noite, como não havia cama extra ou sofá, minha mãe e eu nos cobríamos com um cobertor e adormecíamos lado a lado no chão da sala. De manhã, depois que Ed e Carla saíam para seus trabalhos na fábrica, eu me lavava na pia, porque a banheira não tinha sido equipada com uma torneira. Depois disso, minha mãe me deixava para trás naquele apartamento estranho enquanto ela assumia a tarefa aterradora, insuperável, de achar um emprego, um apartamento, uma escola primária, esta busca ainda mais árdua pelo fato de termos chegado em plena greve de professores.

Pelo meu sétimo aniversário, meu tio me deu um daqueles brinquedos de plástico View-Master em que você olha de binóculo enquanto vai clicando imagens tridimensionais que contam uma variedade de histórias, como Cinderela e Branca de Neve. Eu ganhei somente uma história com o brinquedo — Super-Homem —, e durante o dia ficava sentado sozinho naquele apartamento silencioso, desconhecido, e olhava aquele binóculo, repetidas vezes, clicando e clicando aquela mesma dúzia de imagens do Super-Homem voando mais alto que o topo dos prédios a caminho de salvar alguém. Ficava achando que a história de alguma maneira poderia se transformar em algo diferente, ou que eu veria algo que não tivesse visto antes, mas ela permaneceu sempre a mesma. Afinal, fiquei tão cansado daquilo, quase à beira de uma doença de verdade, que recorri a um livro de exercícios de matemática que também ganhara de presente. Revelou-se que o livro estava um pouco abaixo da minha capacidade, assim pude passar horas riscando compulsivamente respostas para problemas que não me desafiavam. À noite, quando minha mãe voltava de suas buscas pela cidade desconhecida, ela se sentava perto de mim no chão da sala e conferia, cuidadosamente, um a um, os exercícios, todos sem erro. Depois nos cobríamos com o cobertor e adormecíamos.

A casa que minha mãe finalmente encontrou para a gente era um quarto e sala no térreo de um pequeno edifício de tijolos, no meio de um gueto. Para chegar lá na primeira noite, minha mãe e eu pegamos um ônibus cheio de passageiros exaustos, a maioria negros. Levávamos conosco várias sacolas de roupas e uma vassoura. Nunca tinha ouvido falar de alguém em um ônibus com uma vassoura, fiquei envergonhado de ser visto carregando uma e comecei a ter um agudo sentimento de que algo em nós era extremamente esquisito. Rodamos um bocado de tempo pelas ruas escuras de Pittsburgh até que minha mãe teve certeza de que havíamos perdido o ponto e perguntou ao passageiro ao lado se o ônibus estava indo na direção correta. O passageiro não sabia responder, nem o passageiro seguinte, nem o motorista, até ficar claro para todo mundo que minha mãe estava acentuando a sílaba errada do nome da rua, o que tornava sua pergunta incompreensível para um nativo de Pittsburgh. Finalmente, passamos um restaurante Howard Johnson's, um posto de gasolina e um estacionamento, e logo depois disso chegou o momento de descermos.

Pelo bairro, caminhamos, com nossas sacolas e a vassoura. Estava muito escuro, e fantasiei que as janelas iluminadas das casas eram olhos nos observando enquanto andávamos. No meio do caminho para nossa casa, minha mãe se deu conta de que já passara da hora de jantar e não havíamos comido ainda, por isso demos meia volta e retornamos pelo caminho que acabáramos de trilhar, os olhos observando nosso retorno, e andamos até o Howard Johnson's. Sentado ao lado das sacolas e da vassoura — eu nunca tinha visto alguém se sentar com uma vassoura em um restaurante —, comi um cachorro-quente e um picles. De sobremesa, minha mãe pediu, a título de prêmio especial, um sundae na forma de um boneco de neve, vestido com um paletó de açúcar cristalizado e um sorriso de chocolate na cara. Foi desconcertante ganhar aquilo, não era congruente com o temperamento de minha mãe, e eu soube naquele momento, sem sombra de dúvida, que havia algo de terrivelmente errado na gente.

— Olhe que homem de sorvete mais engraçado — disse minha mãe, mas com uma voz canastrona.

O boneco de neve riu loucamente para mim. Fiquei em dívida.

— Olhe que engraçado! — disse do palco minha mãe.

Peguei a colher e devorei-o.

Apesar de ocupado por outros inquilinos, nosso prédio irradiava a sensação de ter sido abandonado anos atrás, décadas atrás, negligenciado e não reformado. Os assoalhos do apartamento eram desiguais e inclinavam no meio, fazendo com que a mobília deslizasse precariamente para longe da parede, como se estivesse se preparando para alçar voo. O carpete era marrom, ou verde, ou havia sido verde um dia, mas desgastara-se com os pés das gerações anteriores. Se você pisasse com força na cozinha, a sala de visitas vibrava; se você tentasse trancar a porta do quarto, ela não fechava completamente; se você tomasse um banho, a água não corria pelo ralo. O lugar, por mais que fosse escovado, não ficava limpo. Havia somente umas poucas janelas pequenas, e se estivesse fazendo sol, a luz solar não penetrava. O clima de Pittsburgh sendo o que se sabe, na maioria dos dias não fazia sol, e os cômodos ficavam escuros muito antes de anoitecer. A porta da frente de nosso apartamento abria diretamente para a calçada, provocando a inquietante percepção de que qualquer pessoa passando na rua poderia entrar na nossa casa sem ser anunciado. Na minha cama, de noite, eu ficava olhando os faróis dos carros que passavam iluminarem o quarto com faixas de luz vermelha e verde e pensava que, uma manobra errada, um carro poderia atravessar a parede.

Se o bairro algum dia fora algo, isso aconteceu muito tempo atrás. Agora, a única vantagem que tinha para contar era a memória apagada de que quarenta anos antes Andy Warhol vivera ali, quando era pequenino. A rua em que eu morava se chamava Ophelia Street, estreita e alinhada por casas de tijolos gastos, apertadas umas às outras e habitadas por ex-siderúrgicos. Havia um parquinho ali perto com balanços e uma gigantesca tartaruga de metal que podia ser escalada para cima ou para baixo, mas nunca se viu uma criança por lá. Do outro lado da rua de nosso apartamento, havia uma pequena loja de esquina, que vendia balas e refrigerantes e fazia negócios rápidos, mas, fora isso, a região tinha uma aparência deserta, uma cidade fantasma onde uns poucos proteladores conti-nuavam a viver. A um quarteirão, ficava o rio Monongahela. Poucos quilômetros adiante, ele se juntava ao Allegheny, e os dois juntos formavam o Ohio. Por mais de um século, esses três rios tiveram movimento dia e noite, trazendo carvão e levando aço, mas, na época em que minha mãe e eu chegamos, a siderurgia tinha entrado em colapso, e um século de pros-peridade chegava ao fim, fazendo de Pittsburgh uma cidade velha e dizimada. O rio Monongahela não transportava mais nada, vazio e calmo como um estacionamento construído no meio do nada. Nosso bairro foi ladeira abaixo em direção à água e dava a impressão de que no tempo devido ruas e casas caíram ali, submergindo completamente, não mais existindo.

Morro acima, estrategicamente situado para ser acessível ao bairro oprimido, ficava a sede da seção Pittsburgh do Partido Socialista dos Trabalhadores, tanto a sala de reuniões como a livraria, com uns vinte e poucos militantes. Era um prédio pe-queno, apenas umas poucas salas e um porão, com uma frente sempre empastelada de cartazes convocando os trabalhadores.

Nossa mudança para esse bairro e esse apartamento me fez sentir caindo de uma grande altura e me esborrachando duramente no chão. Por essa razão, dei para chamar nosso apartamento de "a caverna", e minha mãe, em vez de perceber nisso um sinal preocupante, achou a expressão uma gracinha, pedindo-me para repeti-la aos companheiros, que também acharam a maior graça.

— Vai, Saïd, conte a Ed e Carla e Bill e Ginny como você chama nosso novo apartamento.

E eu repetia a piada, vendo-me estranhamente feliz, me deliciando com as risadas que me retribuíam.

A diferença entre nós e as outras famílias pobres do bairro estava no fato de nossa pobreza ser intencional e autoinfligida. Uma escolha buscada, oposta a uma realidade que não pode ser evitada. Não havia qualquer razão irresistível para tanta privação. Das roupas de segunda mão à mobília de segunda mão, dos livros não pagos à biblioteca ao skate não comprado, era tudo artificial. Não tínhamos dinheiro, ok, mas não era verdade que não tínhamos opções. Minha mãe era muito culta, lida, articulada e tinha um diploma em literatura inglesa numa época em que muitas mulheres sequer tinham frequentado a universidade. Sem falar que a quinze minutos de distância vivia um irmão rico, que, generosamente, nos ajudara ao longo dos anos, ajudara até a pagar seus estudos quando ela quis voltar para a escola. Além disso, havia a questão do marido faltoso, que, com um pouco de persuasão, ou a persuasão do sistema judiciário, poderia ser forçado a nos ajudar.

Em vez disso, minha mãe ativamente, conscientemente, decidiu não somente que nós seríamos pobres, mas permaneceríamos pobres, e os dois sofremos imensamente por isso. Porque sofrer e sofrer imensamente era a questão. Era a gratificação. Minha mãe sem dúvida era incentivada por uma filosofia que via honra na desgraça, virtude na miséria, nobreza na privação. Militantes do Partido Socialista dos Trabalhadores podiam até ridicularizar da boca para fora os ideais cristãos elogiando a pobreza e a renúncia aos bens materiais, mas interiormente estavam convencidos de não haver maior ignomínia do que ter sucesso numa sociedade moralmente tão falida quanto a nossa. Não era um acaso que quase todos os militantes tivessem uma origem de classe média e repudiassem a boa educação e os diplomas universitários a fim de perseguir uma vocação mais alta e profunda. Se alguém prosperava nessa sociedade, deveria ser meio depravado e antiético, um explorador da classe operária. Marx acreditou que os oprimidos herdariam a terra, e todo comunista desde então acreditou nisso também, inclusive Lenin, Trotski e os militantes do Partido Socialista dos Trabalhadores. Minha mãe e eu vivíamos uma versão ligeiramente reformada do Sermão da Montanha — só ligeiramente. Quando a revolução finalmente acontecesse, nós estaríamos entre os primeiros a serem recompensados. Minha mãe ainda veria isso.

Eu não vivia inteiramente desprovido de recursos nesse bairro. Eu me recusava a não tê-los. Mais ou menos uma semana depois de nossa chegada, fui abordado por um menino um ou dois anos mais velho do que eu, louro e de olhos azuis, chamado Michael March. Ele também enfrentava uma situação de filho único de mãe solteira e tinha que se virar sozinho, mas enquanto minha vida anterior fizera com que eu me protegesse do perigo e do confronto e me voltar para dentro, a dele o fizera buscar situações precárias e colocar-se no meio delas. "Não acho uma boa ideia você brincar com esse menino", minha mãe disse ao conhecê-lo, sentindo o perigo, e ela estava certa. Não passaram dez anos até ele se matar brincando de roleta russa com um grupo de amigos.

Uma noite, enquanto nós andávamos pela vizinhança procurando o que fazer, inadvertidamente, eu o segui pelas escadas até a porta da casa de um estranho. Mal registrando o que deveria ser evidente para mim, observei-o girar a maçaneta silenciosamente e esgueirar-se para dentro da casa sem se fazer anunciar. Sem poder dar meia volta, porque não tinha para onde ir, eu o segui pela entrada escura. Da sala ao lado, vinham os sons da família no jantar. Era uma sensação peculiar, perturbadora, estar dentro da casa de um estranho quando o estranho não sabia que eu estava lá. A casa parecia assombrada, e eu sabia, de alguma maneira, que era eu que a estava assombrando. Silenciosamente, Michael e eu engatinhamos até o porão, onde, na viscosa escuridão, vasculhamos caixas de roupas velhas e livros até encontrarmos aquilo que procurávamos: brinquedos. Viramos a caixa, examinando cada bola e jogo e carrinho, como se tivéssemos sido levados para uma tarde no shopping. Finalmente, escolhi uma Barbie de vestido cor-de-rosa, um sapatinho faltando. Michael, em resposta, pegou para si o namorado da Barbie, Ken. Que nos tivéssemos permitido apenas um brinquedo cada era um limite bizarro para o que poderia ter sido uma transgressão sem limites. Justo quando nós dois estávamos nos preparando para ir embora, ouvimos a conversa da família se interromper abruptamente e o som de uma cadeira arranhar o chão ao ser afastada da mesa, e vigorosos passos de homem se aproximando sobre nossas cabeças. Em pânico, corremos pelo porão procurando um lugar por onde pudéssemos escapar. Michael conseguiu se esconder com habilidade sob a mesa da lavanderia. "Me esconda!", sussurrei desesperado, mas só havia lugar para um. Sem saber o que fazer, enterrei minha cabeça nas mãos na esperança de, não vendo, também não ser visto. Mas os passos vieram e se afastaram, e uma vez certos de que a família retomara o jantar em segurança, engatinhamos de volta pelo caminho de onde viemos, nossos joelhos e mãos marcando o carpete. Mais tarde naquela noite, no apartamento vazio de Michael, sem mostrar qualquer sinal de remorso, tiramos as roupas de Barbie e Ken e, numa febril brincadeira de criança, pressionamos seus corpos de plástico um contra o outro.

Não muito depois disso, com minha mãe ainda desempregada e os professores ainda em greve, ela e eu acordamos antes do amanhecer e, junto com alguns outros companheiros, pegamos um ônibus Greyhound para Richmond, Virginia. A viagem durou seis horas, e a combinação de ar frio de inverno, calor fedorento saindo das narinas dos passageiros, assentos desconfortáveis e o balanço incessante da estrada, me fez vomitar em um saco de papel que minha mãe segurou em frente a minha boca. Foi como um ato de penitência pelo que eu fizera com Michael, e assim o aceitei. Uma vez em Richmond, juntaram-se a nós cerca de quinhentos manifestantes, na maioria mulheres, incluindo companheiros de outras seções, e ouvimos orador após orador, também na maioria mulheres, reivindicar a aprovação de Virginia à Emenda dos Direitos Iguais (*Equal Rights Amendment — ERA —*, uma proposta de emenda à Constituição americana que tornaria a discriminação um ato inconstitucional, não apenas ilegal, como é hoje. A partir deste ponto, o texto usará sempre a abreviação ERA para se referir à emenda — NT).

Richmond não era mais quente do que Pittsburgh, e também isso aceitei como penitência. Quando o último orador acabou de falar, todos os quinhentos manifestantes marcharam pelo centro até a Assembleia Legislativa, cantando e empunhando bandeiras, passando por lojistas e office-boys, que paravam para nos olhar com curiosidade, como se fôssemos algum tipo de circo que tivesse chegado à cidade. Senti a familiar sensação de estar nu, à mostra, um macaco sendo levado pelas ruas para a admiração das pessoas. A líder do grupo entoou pelo megafone: "Diz, diz como é que você diz? Ratifique a ERA!" Vozes se levantaram em uníssono, e logo minha mãe aderiu ao coro, sua voz soando fraca ao ar livre da cidade. Gritei também. Permanecer em silêncio atrairia para mim a atenção tanto dos observadores quanto das pessoas com quem eu estava marchando.

— O que a gente quer? — perguntou o megafone.

— A ERA — gritei.

— Quando a gente quer?

— Agora! — gritei de novo.

Havia uma gratificação em poder ver o problema diante de mim, contido e definido, e compreender claramente qual era o remédio para o problema. Havia gratificação também em saber que quinhentas outras pessoas compreendiam o problema da mesma maneira. E à medida que eu marchava e gritava, comecei a achar que nós éramos os que estavam por dentro, e aqueles ociosamente de pé nas calçadas com suas bolsas e pastas estavam por fora, perdidos e confusos. Eles eram o circo, e eu viera para observá-los.

Quando finalmente chegamos à Assembleia da Virginia, algumas tantas mulheres pegaram o microfone para apresentar nossas reivindicações mais uma vez. Atrás delas estava a bem-escovada escada que levava a um gigantesco prédio branco, rodeado por impassíveis colunas. "A sede do poder da classe dominante", dissera minha mãe com amargura. Sua arquitetura imperial, grandiosa, provocou um efeito de sobriedade aos acontecimentos do dia, pondo em perspectiva o que realmente estava em jogo. No final da tarde, acabou a manifestação e, com o sol de inverno começando a cair, minha mãe e eu viajamos por seis horas de volta a Ophelia Street no ônibus Greyhound, onde eu de novo, na metade da viagem, vomitei em um copo de papel que minha mãe pôs em frente a minha boca.

Depois disso, minha mãe conseguiu um emprego de secretária na Universidade Carnegie Mellon, e a greve dos professores acabou, e eu me vi em frente a uma porta que não conseguia abrir. Será que era a porta errada?

Trabalhei na fechadura, primeiro, com calma, operando sob a premissa de que seria apenas uma questão de tempo até que ela se abrisse. Pressupus que o defeito estava em mim, não na fechadura, mas logo comecei a achar que estava tentando algo que jamais conseguiria. Fazia um frio de congelar, e achei que eu estava correndo grave perigo, ou logo estaria. Pensei que talvez devesse ir para a casa do Michael, mas eu conhecia tão mal a vizinhança que não sabia como chegar lá. À medida que o céu escurecia em direção à noite e o frio aumentava, passei a delirar com a ideia de que a chave finalmente encontraria a ranhura certa, e a porta seria escancarada. A chave encaixando, a porta abrindo, a chave encaixando... Bati na porta. "Mãe!", gritei, e o som de minha voz me assustou, enfatizando o silêncio da vizinhança. Depois chutei a porta. Puxei o ferrolho. Empurrei o ferrolho. Bati de novo, desta vez mais forte, com os dois punhos. "Mãe! Mãe!" E lá do fundo da rua, ouvia "Saïd! Saïd!" Mas quando eu me virava para abraçar minha mãe, não havia mãe alguma.

Sem me incomodar em pensar no que eu estava para fazer, me virei e me estendi reto contra a porta inflexível, minhas costas pressionando o aço frio, me entregando a sua misericórdia. Depois puxei a sacolejante porta contra o vento, fechando-a sobre mim, de maneira a ficar sanduichado entre as duas portas, protegido da melhor maneira possível contra os elementos. Minha cabeça ficou justo na altura que dava para eu olhar através do vidro da porta contra o vento em direção ao mundo lá fora. Não havia nada a observar. Tudo estava vazio. Ficava cada vez mais escuro. Ficava cada vez mais frio. O ventou piorou. A porta contra o vento chacoalhou. Na escuridão, a geladeira ria para mim, seu corpo branco brilhando como se estivesse vivo e satisfeito. Eu imaginava minha mãe chegando a qualquer momento, agora, agora, agora. Depois imaginei Michael March vindo me encontrar. Depois ainda, imaginei a Mercedes azul-clara do meu tio virando a esquina.

Em dado momento, dois meninos mais velhos chegaram correndo rua abaixo, felizes, jogando uma bola de futebol americano para lá e para cá. Pararam por um instante em frente a meu prédio, rindo alto e correndo atrás da bola, que quicava em torno e embaixo dos carros estacionados. Seus gritos desafiavam a ordem geral das coisas, como se violassem um código de conduta da vizinhança. Depois, eles decidiram pegar um atalho por uma pequena abertura ao lado do meu prédio e, ao fazerem isso, me viram. Olhei para eles através do vidro e eles olharam de volta para mim. Hesitaram por um momento antes de ir embora, perturbados pela sensação de uma porta que de repente ganhava vida. Depois, um homem baixo apareceu no fim da rua, e os meninos saíram correndo.

Observei o homem se aproximando. Ele estava todo enrolado em echarpes e curvado contra o vento, carregando com alguma dificuldade uma pequena sacola de compras que lhe dava um pouco a aparência de um aleijado, o peso puxando um dos ombros para baixo de maneira desigual. À medida que o homem chegava mais perto, o vento soprava bem em cima dele, e ele virava-se levemente para um lado, tentando fazer com que não lhe soprasse diretamente na cara. Depois, o vento arrefeceu, e o homem andou para a frente rapidamente até chegar diante da minha porta e me olhar através do vidro.

— O que você está fazendo aí? — perguntou minha mãe, e havia um tom de desagrado em sua voz, como se eu estivesse fazendo alguma travessura que ela me dissera para não fazer.

— A tranca não funciona, mãe!

— O que você quer dizer com a tranca não funciona? — de novo o tom de desagrado, de impaciência. — Estava funcionando hoje de manhã. Como poderia não estar funcionando agora?

— A chave não funciona, mãe!

— Qual?

— Eu tenho que ir ao banheiro, mãe!

Ela abriu o trinco da porta contra o vento, e fui liberado de volta à atmosfera da rua. Entreguei-lhe a chave imprestável.

— Por que você não andou até a sede do partido? — perguntou minha mãe. — São só uns poucos quarteirões.

Quando ela disse isso, eu me vi de cima, com um olho de pássaro, perambulando por ruas estranhas, que se cruzavam umas com as outras.

— Sempre haverá um companheiro por lá — disse ela.

A palavra *companheiro* era doce e macia, como algodão doce, e me culpei por não ter pensando nisso. O erro tinha sido meu.

— Da próxima vez — disse minha mãe, mais gentil.

— Da próxima vez — respondi.

Depois minha mãe pôs a chave desobediente na fechadura, sacudiu-a uma vez, e a porta se destrancou e se escancarou como se estivesse o tempo todo esperando para fazer isso. E nós dois entramos em nossa nova casa, com as caixas ainda fechadas e a vassoura contra a parede.

8.

NAQUELA PRIMAVERA, fizemos um piquenique. Todos os companheiros estavam lá, uns 20. Mais uns dez "simpatizantes", aqueles que ainda não eram companheiros oficialmente, mas que todo mundo esperava que viessem a ser em breve. "Não há parques assim em Nova York", me disse minha mãe. Ajudei Ed a tirar as latas de refrigerante da mala de seu carro. Ed, em cujo apartamento eu dormira no chão há nem tanto tempo. Eu gostava do Ed. Talvez até o amasse. Suas mãos eram grandes, e seus braços, fortes. Braços de maquinista, ou de siderúrgico, ou de mineiro. Algo assim, que me minha mãe me havia dito. Nesse dia, ele estava sem camisa, e seu peito largo brilhava de suor. Em um de seus ombros, havia uma cicatriz gigantesca — realmente, muitas cicatrizes, amontoadas como pedacinhos de queijo. Ele me explicara que, quando estava no exército, tatuou uma bandeira americana no ombro. Depois descobriu o socialismo e mandou tirar a tatuagem.

Sentada à sombra de uma árvore, minha mãe falava animadamente. Eu via suas mãos subindo e baixando em rápida sucessão. "Está certo, Martha", disse um simpatizante. "Você acertou em cheio." Outros companheiros vinham e se sentavam na grama ao lado dela. Todos esperavam a chegada de um veterano do partido que viria de Nova York para fazer um discurso especial naquele fim de semana. Deveria chegar a qualquer momento. No meio tempo, a churrasqueira começou a arder.

Eu só tinha feito um piquenique na vida. Foi quando eu morava no Brooklyn. Meu irmão e minha irmã também estavam lá. Eu não os via fazia tempo. Havia um lago com folhas de nenúfares à beira do qual brinquei a tarde toda. Em dado momento, comecei a procurar meu irmão e minha irmã, mas não consegui encontrá-los em meio às dezenas de companheiros. Rodei e rodei em volta do lago, até escurecer e chegar à hora de voltar para casa. Só no último minuto consegui achá-los em pé embaixo de uma árvore.

— Onde vocês estavam? — bati o pé.

Eles se entreolharam espantados:

— Estávamos aqui o tempo todo.

Quando o veterano do partido chegou, pisamos a grama da rampa para saudá-lo à saída do carro. Ele era careca e usava óculos de lentes grossas e uma bengala. Fiquei chocado com a idade dele. Não havia gente velha assim no partido. A maioria dos velhos era conduzida para fora da organização pelas várias disputas de facção ao longo dos anos em torno de políticas ou estratégia. *Os Schachtmanitas. Os Cochranitas. A Facção da Guerra de Classes Global.* A cada uma, o partido diminuía, e a cada uma os militantes se asseguravam de que somente aqueles com as ideias corretas haviam permanecido. De alguma maneira, porém, esse veterano do partido tinha conseguido durar. Os companheiros o receberam calorosamente e o conduziram até a mesa do piquenique. Um prato de papel com comida lhe foi entregue. Ele comeu devagar. Todos sentaram a sua volta e conversaram sobre coisas que eu não entendia. Bebi uma lata de refrigerante. Depois, mais uma. Depois, quis fazer xixi.

— Não beba demais — disse minha mãe.

— Isso mesmo — disse Bill, com um falso tom de bronca.
— Chega de cerveja para você.

Levantei a cabeça para olhar para ele e ri. Gostava dele quase tanto quanto de Ed. Ele também tinha mãos grandes e braços fortes. Também era maquinista ou siderúrgico. Ou queria ser. Eu gostava de todo mundo que estava sentado à mesa de piquenique ou rodeando a churrasqueira. A maioria deles tinha vindo de outras seções em outras cidades. A maioria deles um dia iria embora para outras seções em outras cidades. O ciclo era esse. Tom era estudante. Ginny estava para arrumar um emprego numa usina siderúrgica apesar de ser mulher. E Mark ia se candidatar a governador de maneira "a apresentar uma alternativa operária". E Carla, a mulher que vivia com Ed, estava procurando trabalho numa fábrica e era boa para fazer discursos.

— É a esposa dele? — eu perguntara a minha mãe.

— É a *companheira* dele — ela corrigira.

Não havia maridos ou esposas no partido. Não havia namorados ou namoradas. Só havia companheiros.

Quando eu era garoto, pressupunha que a predominância de trabalhadores braçais no Partido Socialista dos Trabalhadores era o resultado natural de sua atração sobre a classe operária. Era apenas lógico, inevitável, que trabalhadores socialistas gravitassem em torno de um partido de trabalhadores socialistas. A verdade, porém, era que os empregos eram um esquema. A maioria dos camaradas, inclusive minha mãe, era de estudantes e profissionais de classe média que *escolheram* abandonar suas carreiras pela oportunidade de uma autêntica experiência operária. Experiência que seria útil mais tarde, quando chegasse a hora de liderar a revolução. Em 1978, a natureza voluntária dessa escolha mudou de repente, quando Jack Barnes, talvez temendo que o partido ainda não fosse bastante operário, emitiu um ultimato exigindo então que todos os militantes, que ainda não o tivessem feito, encontrassem trabalho no setor industrial.

"Todo camarada", escreveu Barnes, "sem exceção — empregado ou desempregado, novo ou experiente —, deve agora se sentar com sua liderança e coletivamente rever sua situação — seu emprego, suas tarefas, a cidade onde vive, suas várias contribuições — e decidir como se situa nesta decisão".

Dentro do partido, esse momento ficou conhecido como "a virada para a indústria", ou, simplesmente, "a virada", e foi percebido como definidor na evolução da organização. O resultado imediato, no entanto, não foi uma onda revolucionária, mas a sangria de sua militância. Muitos dos médicos, advogados e estudantes que preferiram continuar médicos, advogados e estudantes abdicaram do partido. E aqueles que de fato abandonaram suas carreiras e foram realocados para o trabalho industrial, o frio consolo que tiveram foi o de serem então verdadeiros bolcheviques-operários no molde daqueles bolcheviques-operários que lutaram na Revolução Russa sessenta anos antes. Em relatório apresentado cerca de um ano depois do decreto inicial, Barnes reconheceu a dificuldade inerente ao que vinha sendo exigido. "A virada significa uma mudança na vida de milhares e milhares de camaradas... Em toda parte onde começamos a dar a virada de maneira completa e sistemática, houve algumas perdas de camaradas individuais. Há camaradas para quem a virada levanta agudamente a questão acerca do que estão fazendo com suas vidas, quais são suas prioridades e compromissos pessoais."

Barnes reafirma aos militantes que "camaradas não podem ser dirigidos ou constrangidos a dar a virada". Assim como reafirma, em um relatório subsequente, que "é claro, há certos problemas físicos e de saúde que excluem o trabalho na maioria das fábricas. Sabemos disso".

No entanto, ele continua:

> Mas o que estamos descobrindo, para nossa surpresa, é que muitos camaradas que há seis meses não seriam considerados aptos, por motivo de saúde ou de idade, podem e estão entrando para a indústria. Eles estão politicamente inspirados e convictos. Querem fazer isso. E conseguem se empregar. Pessoalmente, conheço uma quantidade de camaradas na faixa dos quarenta, camaradas que têm problema de coluna, ou que passaram por operações sérias — eles estão entrando e descobrindo que podem.

É nesse ponto da história que o braço faltante de Jack Barnes deixa de compor a descrição do personagem para representar uma virada no enredo. A imagem que se revela é a de um homem aleijado que sabe muito bem da baixíssima probabilidade de ser empregado mesmo como faxineiro de fábrica e que exorta sua militância a abandonar tudo pela glória da vida na indústria.

Meu pai, professor de matemática, também conseguiu escapulir da exigência do trabalho braçal. "Se eu pudesse começar tudo de novo", jurou-me ele em mais de uma ocasião, "seria operário de fábrica, mas infelizmente agora está tarde demais para mim". A afirmação era sempre seguida de uma pausa que eu entendia como uma deixa para refletir sobre o fato de, sendo jovem, estar sentado numa cadeira almofadada, em um escritório refrigerado, de propriedade de uma loura alta chamada Martha Stewart. Meu pai é um exemplo vivo do que todo mundo no partido poderia ter sido: um camarada de classe média, colarinho branco, com direito a férias no verão. Que ele tenha conseguido se manter como um militante tão querido é testemunho do seu charme, ou da hipocrisia do partido, ou um pouco dos dois. Mas não importa. A ideia de que ele algum dia tivesse um trabalho que lhe exigisse abaixar-se e suar é absurda. Não foi por essa razão que meu pai veio a ser militante do partido. A famosa máxima de Lenin "todo cozinheiro tem que aprender a governar o estado" não funciona ao contrário. Não sugere que Lenin tivesse qualquer intenção de se tornar cozinheiro.

Meu irmão e minha irmã, entretanto, passaram a juventude suando em manufaturas e montadoras e fábricas de biscoito. Tenho uma caixa de cartas com carimbos postais de lugares como Winstom-Salem, Harrisburg, San Jose, Detroit, à medida que eles se mudavam continuamente para a cidade com a indústria que o partido passara a considerar essencial à galvanização da classe operária. Para mim, havia algo de excitante e heroico nas aventuras de meu irmão e minha irmã com máquinas e ferramentas. Toda vez que eu os via em Oberlin ou em suas raras visitas a Pittsburgh, parecia que eles haviam se transformado de novo, ficando mais velhos, mais fortes, mais cidadãos do mundo. Eu lhes pedia que me contassem histórias de onde haviam trabalhado. E, rindo muito, eles descreviam as fábricas e os chefes e as linhas de montagem onde tinham dado duro por mais de doze horas ao dia, encaixando uma pecinha em outra, até suas mentes ficarem entorpecidas.

Minha mãe, a secretária, não participou da virada do partido para a indústria: ela foi secretária antes e secretária depois. É o único caso que sei de minha mãe resistir ao que era esperado dela. Quando jovem, ela trocara seu sonho de se tornar escritora por aquilo que acreditava ser de mais importância na vida, mas então, quase aos 45 anos de idade na época da "virada", não estava disposta a se sacrificar novamente. E, se o seu trabalho de secretária no departamento de Artes da Universidade Carnegie Mellon certamente não era gratificante ou desafiador, ainda havia algo substantivo a se ganhar com a proximidade de todos aqueles jovens músicos, atores, cantores, pintores. Sua afeição e atração pelas artes nunca se extinguiram completamente. Nem seu desejo de ser uma escritora, e vez por outra ela se matriculava em alguma oficina de texto, grátis para os funcionários da universidade, e escrevia um conto. Na cama, à noite, eu a ouvia batendo à máquina à mesa da cozinha, em meio a tréguas de ruminação silenciosa. As histórias, que ela me pedia para ler, eram sempre sobre uma mãe solteira e seu filho enfrentando a adversidade, escritas em um tom de raro otimismo pelo qual as durezas que eles enfrentavam não eram assim tão terríveis afinal de contas.

Nos dias em que não havia grande pressão de atividades políticas, ela ia a peças, ou a museus, ou ao cinema, às vezes levando-me junto. Juntos, sentávamos no teatro, como se fôssemos namorados, assistindo a filmes muito avançados para mim. *Um corpo que cai. Annie Hall. Casablanca.* Em geral eu me entediava, algumas vezes me assustava, ocasionalmente me divertia. Ela amava os livros e lia o tempo todo e ficava cheia de culpa por causa disso. "Não tenho tempo para ficar lendo isso agora", dizia, mas lia do mesmo jeito, deixando para o dia seguinte seus *Militantes*, seus panfletos e os livros da Pathfinder. Se eu lhe perguntava o significado de uma palavra, ela carregava nosso enorme dicionário com ambas as mãos até a mesa da cozinha para folheá-lo, olhando, olhando, olhando, se dispersando com outras palavras interessantes ao longo do caminho. "Aqui está", dizia finalmente. "Veja que fascinante!" E ela me encorajava nas artes também, matriculando-me em aulas de música ou desenho. Quando eu tinha 8 anos, o departamento de teatro da Carnegie Mellon me escalou para atuar em *O casaco de pele de castor*, de Gerhart Hauptmann. No palco, com as luzes ofuscantes, consegui fingir com os adultos que eu era um menino chamado Philipp, o filho do médico, que fora fazer uma visita à Sra. Wolff. "Eu fui ao zoológico e vi cegonhas!", era a minha fala, que o diretor mandara-me gritar de maneira que aqueles sentados na parte de trás do teatro também pudessem ouvir.

De vez em quando, em um dia de neve ou no verão, minha mãe me levava a seu escritório. Na mesa vazia ao seu lado, eu brincava com grampeadores e clipes de papel enquanto ela datilografava cartas, abria envelopes, atendia ao telefone. "Alô, departamento de Artes, gabinete do reitor", eu a ouvia dizer repetidamente, talvez cem vezes, mil vezes, até em casa, por equívoco. Eu ficava envergonhado de ver minha mãe tendo que trabalhar assim. Eu sabia que ela estava amarga e frustrada.

Seu chefe, o reitor, era um sírio grande, de barriga mole, com óculos gigantescos, que parecia bastante cordial, mas de quem eu desconfiava. Minha mãe tinha deixado muito claro para mim que estávamos à mercê desse homem, e que nossa tênue e infeliz vida econômica poderia ficar pior se ele o quisesse. "Acho que ele vai me demitir em breve", ela me dizia em seus maus momentos. Foi graças a ele, no entanto, que o departamento de Teatro me pagara setenta e cinco dólares por meu desempenho como Philipp, uma soma tão imensa que passei a ter certeza de que eu me tornaria um ator rico e famoso. Quando o reitor chegava de sua sala adjacente, eu adotava o melhor comportamento possível, com esperanças de que ele mandasse mais coisas boas para nosso lado.

— Saïd — ele dizia, em seu inglês com sotaque —, qual será seu próximo papel? Hamlet?

— Espero que sim.

E ele ria, e minha mãe ria, e ele entregava a minha mãe um pedaço de papel para ela datilografar.

Na quina do escritório, havia um grande relógio antigo com as caras da lua e do sol. O relógio badalava a cada quinze minutos, com um badalo diferente na hora redonda, e enquanto eu ficava sentado à mesa brincando com os materiais do escritório, ouvindo minha mãe datilografar e atender ao telefone, a passagem do dia era lentamente demarcada. Foi assim que se passaram os anos. Cinco anos, dez anos, quinze anos. Ao final, minha mãe ficou nesse emprego por trinta anos.

Quando o relógio finalmente dava as cinco, era hora de ir para casa. Minha mãe e eu reuníamos nossos casacos e livros e o que sobrara do almoço tinha sido guardado no pequeno refrigerador. O reitor me dizia até mais. Do lado de fora, víamos os universitários saindo ou entrando nas aulas, brincando, rindo. Minha mãe pegava minha mão e me conduzia até o ponto de ônibus, onde ficávamos esperando. Seu rosto, um estudo da exaustão. A exaustão do nada.

Não, não havia necessidade de minha mãe dar "a virada". Ela já o fizera anos atrás.

9.

Eu era um colecionador de ursinhos de pelúcia. "Um connoisseur", disse minha mãe, que me ajudou a ver a palavra no dicionário. Em dado momento, acho que eu tinha sete deles. Talvez oito. Eu os chamava de ursinhos, mas havia outros animais também.

— Você acha que seus bichinhos de pelúcia ficam ofendidos porque você se refere a eles como "ursos"? — perguntava minha mãe.

— Talvez — eu respondia.

Eu tinha um tipo de marsupial, por exemplo, com uma barriga de sementinhas, e também um elefante laranja chamado George, que minha mãe costurara para mim numa tarde de domingo, em sua máquina de costura, comigo sentado a seu lado. Quando ela acabou, mostrou-me como enfiar recheio branco dentro dele por meio de uma pequena abertura que deixara em suas costas. Toda noite, eu ia para a cama com todos os meus ursinhos a minha volta. E de manhã, quando acordava, eu os encontrava no chão ou contra a parede e imaginava que eles tinham feito imensas aventuras enquanto eu dormia. Antes de ir para a escola, eu me certificava de pegar cada um deles, alinhá-los em minha cama de acordo com a idade e cobri-los.

Meu quarto era tão arrumado quanto minha cama, tudo organizado e aprumado. Eu nunca deixava a bagunça tomar conta. O resto do apartamento, no entanto, era caótico e entulhado. Roupas cobriam as cadeiras, sapatos se amontoavam pelos cantos, lápis e canetas ficavam espalhados pelo chão como folhas em um quintal. Os móveis eram em geral dispostos em qualquer lugar, arbitrariamente, sem levar em conta a planta do apartamento, como se houvessem sido arrastados por dois andares até um sótão, lá jogados e esquecidos. Uma mesa cortava o acesso à janela, uma cadeira ficava estranhamente no meio da sala. Se, mais tarde, minha mãe tivesse a inspiração de mudar minha cômoda desse lado do quarto para o outro, confrontávamo-nos com o obstáculo adicional de sermos fracos demais para fazer isso sozinhos e tínhamos que esperar pacientemente até que Ed ou outro camarada do sexo masculino nos fizesse uma visita. Não era raro fazermos nossas refeições com os pertences da mochila de minha mãe espalhados sobre a mesa como se jogados na pressa.

Acrescente a essa confusão os muitos *Militantes* que continuavam a ser colecionados, semana após semana, numa acumulação sem sossego. Minha mãe guardava cada um deles. Para qual fim, não sei. Nunca em todos esses anos eu a vi referindo-se a eles. A acumulação era rápida e significativa: 48 números por ano. Quando nos mudamos de Brooklyn para Pittsburgh, quando nos mudamos de Ophelia Street para nosso apartamento seguinte, e daquele para outro, e desse para o que veio depois e para o que depois do que veio depois — meia dúzia de apartamentos em dois anos —, eles se mudaram conosco, cada vez mais numerosos, mais pesados, mais incômodos, os anos todos fora de ordem, depois de carregados para dentro e para fora do caminhão por aqueles companheiros que tão generosamente se voluntariavam a nos ajudar a cada nova mudança. "Um dia eu deveria organizá-los todos", minha mãe dizia, mas nunca o fez.

No dia seguinte à chegada ao apartamento onde eu viveria tempo bastante para completar meu oitavo aniversário, uma vizinha simpática bateu à nossa porta para nos dar as boas-vindas da vizinhança. Nossa nova casa era um quarto e sala triste, apenas um pouco menos triste do que os apartamentos que o precederam, e seu mais forte atributo era uma varanda de madeira em processo de deterioração que se pendurava precariamente sobre a área de fundos do prédio. A chegada da vizinha deu ao ambiente um estranho ar otimista.

— Bem-vindos ao bairro — disse a vizinha. Ela era jovem e bonita, com longos cabelos escuros, e levara como presente de inauguração da casa uma garrafa de refrigerante de uva e meia dúzia de donuts. Fiquei imediatamente encantado.

— Entre — respondeu minha mãe.

E a jovem mulher entrou e ficou de pé em meio a caixas e sacolas, lâmpadas sem abajur, e montes de *Militantes* perigosamente empilhados até o alto. Observei da porta do quarto enquanto minha mãe e a vizinha batiam papo. Foi um papo centrado principalmente no supermercado e no ponto de ônibus mais próximos. Quando acabaram, minha mãe agradeceu-lhe pelo tempo gasto e pela boa vontade. Justo quando a mulher estava para sair, ela apontou para os *Militantes* e perguntou com curiosidade, como *en passant*: "O que é isso?!" Foi uma pergunta honesta, feita sem agenda prévia, mas soou com um tom de desconforto e talvez até de medo, como se a mulher houvesse recuado e exclamado: "O que é isso?!"

Minha mãe ouviu a pergunta como eu ouvi, mas achou ótimo, vendo afirmação na reação. Mais tarde, na sede do partido, ela repetiu a pergunta para todo mundo, enfatizando as palavras de maneira a deixar o subtexto aparente: "O que é *isso*?" Os camaradas acharam a história o máximo, também eles a viram afirmativamente, e quando minha mãe acabou de contá-la, todos caíram na gargalhada, inclusive minha mãe e inclusive eu: "O que é *isso?*"

— Volte um dia desses — minha mãe respondeu à jovem — e poderemos debatê-los.

Mas a mulher nunca voltou. E quando acabei com o refrigerante e os donuts, sumiram os presentinhos. E, dentro de um ano, nós havíamos entrado na justiça contra o senhorio e sumimos também.

10.

ACALENTO SONHOS FANTÁSTICOS de me tornar um ator famoso. Sonhos nascidos quando gritei vinte e cinco anos atrás que queria ir ao zoológico e ver cegonhas. Foi por isso que larguei a universidade, por isso que me mudei de volta para Nova York, por isso que jamais lutei por uma promoção, uma vez convencido de que qualquer responsabilidade adicional interferiria com a minha real aspiração. Com a notável exceção de seis episódios na telenovela *Another World* (Um outro mundo), meu sucesso foi praticamente nulo. Existe certa consciência lá no âmago do meu ser de que não sou muito talentoso. Faço o possível para ignorar. Qualquer dia desses, eu espero ser descoberto por um grande diretor de cinema muito da mesma maneira como qualquer dia desses espero ser descoberto por Martha Stewart. E quando o for, usarei meu dinheiro para comprar uma daquelas casas de tijolinho vermelho típicas do West Village, onde viverei pelo resto de minha vida afetando profundo tédio com a fama e a riqueza.

Esta tarde, eu preciso tirar uma hora de almoço especialmente longa para ir a um teste de teatro. Eu deveria estar trabalhando em um conjunto de rótulos para uma coleção de móveis de jardim, que têm a maior urgência, mas isso vai ter que esperar.

— Oi, Saïd — Karen me chama justo quando estou passando pela porta.

— Tenho que correr — digo em pânico. — Prometo terminar o conjunto até o fim do dia.

— Só queria lhe dizer que tem uma torta de mirtilo na sala de reunião.

O cabelo de Karen é castanho e cacheado e seus olhos são azuis ou verdes. Em volta do pescoço ela usa uma echarpe de seda cor de laranja, amarrada em um laço bonito. Uma imagem passa pela minha cabeça: estou comendo uma fatia de torta de mirtilo e beijando-a na boca.

— Vou guardar uma fatia para você — diz ela amigavelmente, sedutoramente.

Está quente lá fora. Logo chegará o verão. Destranco o cadeado de minha bicicleta presa ao poste, a grossa corrente bate com força contra o aço. Um colega passa levando uma planta em um pote.

— Olhe só a seringueira da Martha.

Desço a 42, passo a biblioteca, passo a pizzaria, passo o parque Bryant, que está cheio de trabalhadores de escritório comendo o almoço. A cerca de ferro não existe mais, assim como a sebe alta, assim como os traficantes e as prostitutas. Não existe mais aquele homem sendo aterrorizado com cassetetes, não existe mais o menininho de pé na esquina. As pessoas se sentam na grama verde e macia, cercada de flores. Completa o fim de uma era um cartaz anunciando aulas de tricô grátis no parque.

Quando viro na Sétima Avenida, um vento sopra atrás de mim, e eu ganho velocidade como um barco no lago. O tráfego está pesado, mas eu desvio e serpenteio entre os carros. Sou um velejador desta cidade. Já passeei por toda ela. Uma vez fui até Coney Island. Outra vez até Yonkers.

Na Rua 28, o tráfego diminui consideravelmente, e consigo pedalar sem impedimentos ou perigo. Vejo todo o caminho até o Village. Uma longa série de sinais verdes de trânsito se desenrola a minha frente. Como é linda esta cidade. Como é pacífica. Esta cidade que eu amo e que não quero deixar nunca mais.

No lugar do teste, entrego minha fotografia e meu currículo a uma mulher idosa, que parece desinteressada. Ela me diz para ficar de pé contra a parede de maneira que possa fazer uma Polaroid de mim. Tento sorrir, mas sou péssimo para sorrir por encomenda. O resultado é algo no meio, que, tenho certeza, não vai me favorecer. Quero pedir para que ela tire outra, mas antes que o faça, a mulher grampeia a fotografia no meu currículo e diz para eu me sentar.

Há atores e atrizes aqui para outros testes. Vejo-os entrar e sair. São bonitos e glamourosos, com um porte de quem já é um astro. Quando sorriem para a Polaroid, sorriem de verdade. Quando saem, é com um floreio. Até a mulher desinteressada os vê como encantadores. Finalmente, uma porta se abre, e uma mulher bonita mais ou menos da minha idade aparece e, bem alto, pronuncia meu nome de maneira errada.

— Pronunciei corretamente? — ela pisca.

— Não se preocupe — digo —, ninguém pronuncia.

— Desculpe.

Seu pedido de desculpas parece realmente sincero. Espero ter usado essa oportunidade para projetar uma imagem charmosa e descomplicada.

Na sala, ela me pede para ficar de pé em frente a uma câmera de vídeo enquanto passa os olhos em meu currículo sem expressão.

— Parece ótimo — diz, ainda assim.

Depois, ela aperta um botão e a sala se enche com o som de Will Smith cantando seu sucesso *Getting' jiggy wit it*. Aperta outro botão, e a sala fica silenciosa.

— Você conhece essa música?

— Eu amo essa música — digo com entusiasmo. — Quero que ela saiba que me entusiasmo pelas coisas.

— Legal! — diz ela.

Seu entusiasmo é comparável ao meu. E, rapidamente, ela explica que a companhia X está fazendo um vídeo de *Getting' jiggy wit it*, que vai parodiar o vídeo original de *Getting' jiggy wit it*.

Rimos os dois da ideia inteligente. Então ela diz:

— Quando eu apertar play, você poderia dançar ao som dessa música?

— Claro! — o entusiasmo de novo.

— E quando entrarem os vocais, você poderia cantar junto?

— Claro!

— Ah! — diz ela, quase como uma ideia que acabasse de lhe passar pela cabeça —, será que daria para cantar com um sotaque...

— Claro — mas acabou o entusiasmo.

Um desânimo se espalha pelo meu rosto. Consigo senti-lo se espalhar. Tenho que me recuperar rapidamente, ou tudo estará perdido.

— Que tipo de sotaque você quer? — pergunto, fazendo graça.

— Bem — ela começa a responder, fingindo matutar várias possibilidades —, que tal um sotaque árabe?

Compreendo a implicação. Vai ficar engraçado uma pessoa do Oriente Médio cantando um rap, um misto de absurdo e palhaçada. Provavelmente, eu riria. Mas não quero ser eu a pessoa que faz isso. Este é o problema da minha carreira artística. Sou chamado para testes quase exclusivamente para papéis de dono de delicatessen, chofer de táxi, ou "déspota do Terceiro Mundo". Meus amigos sempre me dizem que pareço algo entre italiano e grego, mas realmente minha aparência não tem importância, porque meu nome me enquadra firmemente no mundo dos estereótipos.

— Bem, você não se encaixa muito no papel de chefe da família — me disse uma vez um produtor — mas temos também um dono de delicatessen na história.

Já pensei muito em mudar de nome. Como a vida seria simples se eu virasse um Harris. Sam Harris. Talvez Stan Harris. Meu tio viu a importância disso quando, no início de sua carreira de escritor, ele tirou o Finkelstein do seu nome. *Harris* efetivamente sumia com o Judeu. E minha mãe logo o imitou.

Mas eu não consigo. Agarrei-me a este nome gigantesco por toda a vida. Era a única conexão que eu tinha com meu pai, na minha meninice. Sob vários aspectos, é ainda a única conexão que tenho com ele hoje em dia. Somos os últimos Sayrafiezadehs nos Estados Unidos, pois meu irmão e minha irmã trocaram de nome há muito tempo. É aí que mora a ironia.

Então faço o que a diretora de elenco quer e exatamente como ela quer. Danço loucamente fora do ritmo, pois sei que assim fica mais cômico, e quando entra o coro desafino numa mistura do sotaque do meu pai com o de um indiano que trabalha em um café em frente à firma. É tudo menos autêntico. A diretora de elenco não parece notar ou ligar. Ela está em pé atrás da câmera, sorrindo para me dar força, enquanto a cena é gravada à exaustão. Estou envergonhado e abatido. O que diria meu pai se me visse? "Olhe o que os capitalistas estão o obrigando a fazer." É isso que ele diria.

De volta ao escritório, sento-me em minha cadeira macia e olho a tela do computador cheia de imagens de móveis para exterior em varandas, no jardim, à beira da piscina. Estou com dor de cabeça, mas as imagens são calmantes. Gostaria de estar ali à beira da piscina

— Oi, Saïd — ouço Karen atrás de mim.

— Não se preocupe — digo —, prometo que eu termino até o fim do dia.

E de repente ela está ao meu lado, muito perto, seu quadril perigosamente perto de meu cotovelo. Olho para cima e vejo seu belo rosto e sua echarpe laranja e seus olhos que são azuis ou verdes. Em sua mão, ela tem uma fatia de torta de mirtilo.

11.

A PRESENÇA DO meu tio se delineia no pano de fundo de minha vida em Pittsburgh, uma figura borrada que nunca tomou forma completamente, mas que também não desapareceu. Nós nos mudamos para Pittsburgh porque meu tio sugeriu que o fizéssemos, mas não sei até hoje o quanto ele ou sua sugestão nos beneficiaram. Eu me sentia humilhado toda vez que entrava em sua casa enorme e me sentava à sua enorme mesa de jantar, que chegava até o meu pescoço como se eu estivesse de pé na parte mais funda da piscina. Sentado à minha frente, meu primo Henry, que, sempre bonito e calmo, parecia totalmente à vontade comendo de uma tigela que fazia conjunto com o prato que fazia conjunto com a xícara, servindo-se sem medo duas ou três vezes. Como ele podia ter tanta sorte? Por que não eu? Quando acabava a refeição, eu me arrastava sobre os tapetes macios como um animal em busca de um lugar para dormir e via meu tio dispor na lareira um pedaço de lenha sobre outro, enquanto conversava com minha mãe sobre a infância e os pais deles, que eu não cheguei a conhecer. Mais tarde, talvez eu fosse com Henry até o pátio para brincar de pique ou descesse até o porão para ver seu trem elétrico apitar em torno de uma aldeia miniatura. Para mim, era inconcebível que nenhuma parte daquela casa me pertencesse e que logo eu fosse convidado a ir embora. Eu os desprezava por isso. Afinal, eles não passavam de uns bundões ricos, e eu os culpava pelo que não tinha. Meu primo dormia em um quarto só dele que seus pais não tinham que atravessar para chegar ao banheiro, enquanto minha mãe e eu vivíamos em um quarto e sala, comigo no quarto e minha mãe na sala dormindo em uma bicama, que fazia as vezes de sofá durante o dia. Todo dia eu acordava com os sons de minha mãe no banheiro a poucos metros de mim. Eu mal podia imaginar o que sucederia a meu tio e a meu primo — e à casa deles — quando a revolução finalmente acontecesse, e essa ideia me dava uma certa satisfação.

E logo, logo demais, meu primo apertava o botão, e o trem parava, e a aldeia ficava às escuras, e nós subíamos para a sala, onde agora só havia cinzas na lareira. Minha mãe e eu juntávamos nossos pertences e os empilhávamos no banco de trás da Mercedes azul-claro do meu tio, e ele começava o caminho para nos levar de volta à casa, que ficava a meros quinze minutos dali, mas a impressão que se tinha era de estarmos sendo conduzidos para a fronteira.

— Você se divertiu esta noite, Saïd? — meu tio perguntava.

Uma vez em meu apartamento, eu caía em depressão com o aperto em que vivíamos, como tudo parecia sujo, mais sujo que antes, as paredes, os tapetes, os móveis. Mas aí eu virava a frustração contra mim, me culpando e me punindo. Limpava e arrumava e organizava tudo outra vez, todos os meus sapatos numa fileira, todas as minhas roupas precisamente dobradas. No chuveiro, me punha sob a água quente deixando-a cair em cascatas sobre minha pele, escaldando-me, achando que a água iria me desinfetar e que, quando eu saísse do banho, quente e esfogueado, algo teria mudado. Passariam meses até eu visitar meu tio de novo, e se saber disso me dava certo alívio, sua presença permanecia inescapável nos livros que se alinhavam em nossa estante. No final das contas, eram os livros que o definiam realmente para mim, que o tornavam de carne e osso. Não o que havia escrito dentro deles — nunca os havia lido —, mas o fato de minha mãe ter perdido tempo dispondo-os um ao lado do outro numa prateleira inteira, um ato de tributo. Muitos, muitos livros. Empoeirados, mofados e usados. O resultado de esforço, de trabalho, um testamento do que se pode realizar quando se quer realizar algo. *Twentyone Twice*; *Mark the Glove Boy or, The Last Days of Richard Nixon*; *The Goy*; *Killing Everybody*. Dois exemplares de *Bang the Drum Slowly*, um de capa dura, o outro, brochura. A vida dele era a que minha mãe sonhava até aquele dia de outono anos antes, quando ela saíra para um passeio pela Universidade de Minnesota com seu marido e dois filhos e parou por um momento, só um momentinho, a fim de ouvir a respeito de um jornal chamado *O Militante*. *Trumpet to the World*; *City of Discontent*; *The Southpaw*; *A Ticket for a Seamstitch*; *Something about a Soldier*; *Wake up, Stupid*; *Friedman & Son*. Cada um dado de presente a minha mãe, alguns com dedicatórias, se eu tivesse coragem de olhar. *Duas vezes Vinte e Um, para Martha e Mahmoud. Janeiro, 1967*.

Mas com todos os livros que meu tio escrevera e minha mãe guardara, o verdadeiro autor de nossa estante era a Pathfinder Press. Cobrindo as prateleiras sobre, sob e em torno de Mark Harris, respondendo à sua produção, diminuindo-a, até desdenhando-a, estavam os livros de Marx (por muito tempo confundi *Marx* com *Mark's*), Engels, Lenin, Trotski, Barnes — os pais e o filho, os grandes e o pequeno. *As origens do materialismo*; *A origem da família, da propriedade privada e do Estado*; *Empirismo e sua evolução: Uma visão marxista*; *James P. Cannon e os primeiros anos do comunismo americano*; *Os primeiros cinco anos do comunismo internacional*; *Os primeiros dez anos do comunismo americano*; *História do trotskismo americano 1928-1938*; *Políticas de defesa e princípios do Partido Socialista dos Trabalhadores*; *O caminho americano para o socialismo*; *Mulheres e a família*; *Rebelião caminhoneira*; *O poder caminhoneiro*; *Burocracia caminhoneira*; *Che Guevara fala aos jovens*.

De vez em quando, eu olhava para esses títulos, quando estava em casa sozinho, e me perguntava o que queriam dizer e o que havia dentro deles. Quando os abria para ver se tinham figuras que me distraíssem, descobria que suas capas, lombadas e páginas estavam ainda duras e frescas. Os livros mal tinham sido tocados por minha mãe, mal tinham sido lidos. Os títulos eram suficientemente poderosos; representavam tudo que se precisava saber sobre o conteúdo dos livros. Não era preciso se aventurar dentro deles.

Algo triste aconteceu no passado — era isso que eles transmitiam. Algo triste, algo que se perdeu. *O profeta desarmado*; *O profeta banido*; *A revolução traída*; *A luta final de Lenin*. Tudo que fora conquistado pela Revolução Russa, por essa obra monumental, se dissolveu em 1924 com a morte de Lenin. O momento infeliz que pôs em movimento a ascensão de Stalin e a queda de Trotski. Bastaria que o Lenin enfermo houvesse passado a tocha para Trotski, e tudo hoje seria diferente, tudo seria o oposto do que é. Haveria paz e fartura, mas isso acontecera várias gerações antes, e nós, os descendentes, estávamos bloqueados, e nos cabia nos desbloquear. Era possível, mas exigiria toda nossa dedicação, todo nosso empenho. Só o futuro diria se estávamos à altura da tarefa. Não nós no sentido de humanidade; não nós no sentido de trabalhadores; nós no sentido de militantes do Partido Socialista dos Trabalhadores. Nada menos do que o futuro do mundo dependia de nós.

12.

NA MINHA INFÂNCIA, todas as noites de sexta-feira e domingo eram expressamente reservadas ao Partido Socialista dos Trabalhadores. Toda noite de sexta-feira, realizava-se um fórum aberto ao público, em que militantes do partido, ou um convidado, falavam sobre algum acontecimento político daquele momento, como o boicote às uvas, ou o transporte escolar sem segregação, ou a ERA. As noites de domingo eram "reuniões setorizadas" apenas para militantes, e diziam respeito a administração e à estratégia do próprio Partido Socialista dos Trabalhadores. Isso não quer dizer que fossem essas as únicas noites de atividade política. Havia também as "vendas de porta de fábrica", isto é, vender *O Militante* nas mudanças de turno dos trabalhadores; as "pichações", isto é, a colagem ilegal de cartazes em muros e postes elétricos — feitas tarde da noite para evitar a polícia; uma ou outra festa para festejar algum sucesso do partido; conferências; comícios etc.

Quando eu era bem pequeno e ainda vivia no Brooklyn, minha mãe sempre me levava com ela às reuniões de sexta-feira e domingo à noite. À noitinha, pegávamos o metrô em direção à parte baixa de Manhattan, onde subíamos por um instável elevador até o oitavo andar de um velho prédio de escritórios. Ao entrar na sala de reuniões, eu era imediatamente saudado por um monte de camaradas.

— Como vai hoje o pequeno revolucionário? — gritavam.

Quando chegava a hora de a reunião começar, eu me aninhava ao lado de minha mãe e prestava atenção enquanto a sala ficava solene e silenciosa. O único som era a respiração asmática e pesada de mamãe em meio às nuvens de fumaça de cigarro sobre as cabeças da gente. E então, do vácuo chegava o barulho dos sapatos do primeiro camarada, que se aproximava do palco. "Boa noite, companheiros", diziam ao microfone, e a voz retumbava sobre mim. Aquela voz me aquecia. Aquela voz me ninava. Nunca compreendi de verdade o que dizia, é claro, mas podia acompanhá-la como a um filme em língua estrangeira, pegando a cadência, se não o significado. Muito cedo, eu me tornei um especialista em perceber quando um discurso estava chegando a seu clímax, ou quando palmas estavam sendo puxadas, ou quando uma pergunta da plateia começava a dar à discussão um rumo totalmente diferente. Havia sempre uma confiança estudada na voz do orador, uma completa compreensão de por que o mundo ainda funcionava do jeito que funcionava, e isso me dava alento. Provava que a ordem podia ser construída a partir do caos. E uma vez que minha mãe nunca abordava o conteúdo real de nossas existências, nunca se aventurava a reconhecer aquelas coisas que pela própria ausência ressoavam alto a cada dia, havia algo sedutor na presença de homens e mulheres que haviam dedicado suas vidas a descobrir os segredos não ditos, ocultos, desse mundo. Segredos enterrados pelo sedimento dos anos e que, se não fosse pelo esforço poderoso daqueles camaradas — inclusive minha mãe — jamais seriam revelados.

Quando uma voz acabava, logo vinha outra, pegando onde a voz anterior havia terminado. À medida que a notinha virava noite, e a noite virava tarde da noite, eu ficava cada vez mais sonolento e começava a escorregar e apagar. Minha mãe então me estendia ao longo de uma fileira de cadeiras dobráveis vazias, seu casaco me cobrindo, e eu deslizava em direção ao sono ouvindo o som das perguntas que eram feitas, os argumentos levantados, os temas discutidos, os segredos revelados.

Imagino que eu não fosse a melhor das companhias. Uma vez, no meio de um sonho, rolei e caí das cadeiras, me estatelando no chão e provocando uma interrupção da palestra. Outra vez, durante uma votação oral, do nada gritei um "não", envergonhando profundamente minha mãe e a mim. Para resolver o problema, minha mãe deu para me confinar nas salas dos fundos, onde, em meio a pilhas do *Militante* da semana e ainda ao alcance da voz dos microfones, eu passava o tempo brincando com materiais de escritório. Houve um breve período em que uma menininha sem nome também comparecia às reuniões, e juntos nós criávamos aventuras inteiras com clipes e elásticos. Numa ocasião, ela levou uma bronca por pintar as unhas com líquido corretivo e, em outra, por marchar corajosamente até o palco para interromper o pai, que estava no meio da apresentação de um relatório. Depois disso, nunca mais foi vista.

Em algum momento, minha mãe também chegou à conclusão de que talvez fosse melhor eu não mais comparecer às reuniões e, em vez disso, ficasse em casa sozinho. Assim, à exceção de um evento ocasional aqui e ali, fiquei relegado ao apartamento naquelas noites de sexta-feira e domingo. Não funcionou bem no início. Uma vez acordei no meio da noite para descobrir que minha mãe ainda não chegara em casa. Corri de um quarto para o outro a chamá-la — "cadê você, mãe?" —, da sala para o quarto, do banheiro para a cozinha, cada vez mais rápido, pensando que talvez eu não houvesse percebido o óbvio e de repente iria vê-la sentada em algum lugar. Finalmente, desisti da busca e tombei no chão da sala, segurando meu livro de colorir contra o peito como um cobertor de segurança. Foi assim que minha mãe me achou — quem sabe quantas horas mais tarde — quando ela afinal passou pela porta da frente, sua mochila às costas e uma expressão de perplexidade no rosto.

— Por que você não está dormindo?

Na época em que nós chegamos a Pittsburgh, eu já aprendera a dormir noite adentro sem incidentes. Nas minhas solitárias horas acordado, no entanto, tinha medo de tudo — dos bangues e baques do prédio, do som dos passos no hall, da ideia de que minha mãe dessa vez não voltaria mais. A sombra dos móveis eram homens à espreita; o som do banheiro do vizinho era a maçaneta sendo forçada; os faróis dos carros refletidos nas paredes eram chamas; uma mosca era uma barata; uma barata era um rato. Tudo era possível.

Minha mãe tinha posto o número da sede do partido perto do telefone, para caso de emergência, mas aquilo só servia como uma lembrança constante, chamejante, de que o perigo era uma possibilidade sempre presente e que eu era um desvalido diante dele. Tudo que eu fazia enquanto ela estava fora ia no sentido de construir uma realidade alternativa, de tranquilidade e paz. As histórias que eu escolhia para ler eram desprovidas de conflito. Os jogos que eu inventava eram do tipo leve, de gente feliz, de cores brilhantes. O poder dessas diversões de me distrair era temporário, e a única coisa capaz de manter o terror sob controle era nosso aparelho de televisão preta e branca, de treze polegadas. Ele me era proibido a não ser em ocasiões especiais, mas, na ausência de minha mãe, eu me pendurava por horas a fio a sua frente, contando entre meus muitos amigos, os Jefferson, os Bunker, os Newhart. À medida que a noite ia passando, porém, esses programas eram substituídos por dramas de longa duração que me deprimiam com suas histórias pesadas. Programas como *O incrível Hulk*, ou *A Ilha da Fantasia*, ou *Isso é incrível!*, no qual uma vez vi um homem, no interesse da ciência, mergulhar numa piscina com pesos de quase dez quilos atados a seus pulsos e tornozelos, de maneira que os pesquisadores pudessem monitorar os efeitos do afogamento em um ser humano. Eu ficava petrificado por esse conteúdo de pesadelo, mas passava a hora de dormir e continuava assistindo. O aparelho de TV, por mais pavoroso que fosse, era sempre uma alternativa mais palatável do que a realidade que me circundava.

Foi numa dessas noites escuras que aconteceu de passar o filme do meu tio. Nunca o tinha visto antes. *A última batalha do jogador*, apareceu na televisão. *Roteiro de Mark Harris. Baseado em seu romance.*

Nossa televisão era em preto e branco, mas o nome do meu tio brilhou numa luz amarela. Imediatamente, imaginei sua casa, o tapete macio, a escada, a pintura de uma imensa barra de chocolate na parede ladeando o intervalo entre os degraus. À medida que rolavam os créditos de abertura, dois jogadores de baseball corriam silenciosamente lado a lado em um estádio vazio, toalhas penduradas no pescoço. A música mais lenta e triste do mundo tocava ao fundo, tudo, flauta e violinos, indicando que, não importando o que acontecesse àqueles dois homens, não poderia ser bom. E, claro, a cena seguinte passava do estádio para um hospital, onde os homens, agora de gravata e carregando uma bagagem, saíam pela porta da frente, dando adeus a um médico, os violinos ainda tocando.

Sentei-me vestido em meus pijamas e acompanhei o desenrolar da história. A trama era pesada e cansativa e me perdi nas insinuações dos adultos. Eu estava esperando um filme sobre baseball, mas se tratava de um filme sobre doença. Um homem estava morrendo, e outro tentava manter segredo sobre isso. De tempos em tempos, eu pensava em mudar de canal, mas era o filme do meu tio, e eu achava que fazer isso não seria generoso de minha parte. Então assisti, enquanto a tristeza crescente me envolvia, me enredava. Um homem corria por um hotel no meio da noite em busca de um médico. Outro homem caía em um campo de baseball. Ainda outro atirava um revólver embriagado por uma vitória. E afinal, muitas horas depois do começo, o jogador de baseball que estava morrendo aparecia de pé com uma mala, pronto para entrar em um avião.

— Obrigado por tudo, Autor — disse ele, sorrindo para seu bom amigo. — Estarei de volta na primavera. Estarei em forma. Você há de ver.

E eu entendi, como todo mundo ali, que eram apenas palavras, e logo ele estaria morto.

— É — disse o outro —, eu vou ver.

Poucos minutos depois, o filme tinha acabado. Era tarde. Já tinha passado muito da hora de dormir. Os créditos rolaram. Esperei que o nome do meu tio aparecesse de novo, mas não apareceu. Desliguei a televisão e, rapidamente, fui liberado de volta para o mundo do meu apartamento. O silêncio chegou correndo, tampando meus ouvidos. Acendi a luz do quarto antes de apagar a luz da sala, tentando navegar no mar do sono com o mínimo de escuridão possível. Deitado perto dos meus ursinhos e sonhando, não sei com quê, até algum momento em que senti a presença de minha mãe no quarto, debruçando-se sobre mim no escuro, beijando-me a testa, o cheiro de cigarro colado a suas roupas.

Com o tempo, minha mãe começou a se preocupar com o impacto pouco saudável de tanta televisão em uma mente infantil. Destruiria meu intelecto, disse ela. Faria um mingau do meu cérebro. "É o tubo dos tolos, Saïd." Fui instruído a ler, escrever ou desenhar enquanto ela estivesse fora. Protestei. Ela insistiu. Desobedeci. Ela exigiu. Eu abria um livro e fingia estar mergulhado na leitura enquanto ela se aprontava para sair, mas assim que a via longe do meu alcance eu ligava a televisão. Ela percebeu e passou a voltar na ponta dos pés pela escada para colar o ouvido contra a nossa porta, em seguida estourando a sala como um policial em um seriado da TV. Quando eu negava meu crime, ela punha a mão no aparelho para sentir a temperatura como fazia para ver se eu estava com febre.

— Por que a televisão está quente?

— A luz da lâmpada deve ter esquentado o aparelho.

Ela tentou se zangar comigo, mas não seria com broncas que conseguiria me demover. Então fingia estar desapontada, na esperança de provocar minha consciência. Não provocava.

Quis o destino que um dia ela descobrisse que podia remover o cabo elétrico da parte de trás da televisão. Uma hora ou duas antes de sair, passou a desligar o cabo e escondê-lo. Também isso não provocou o efeito desejado. Logo que ela saía, eu começava a remexer tudo em busca do cabo faltante. Não era um predicamento tão terrível; a procura me mantinha ocupado, e eu fixava minha mente em um objetivo, buscando-o com incansável fervor. Solidão, raiva, medo e tédio, tudo junto em um só sentimento. Além disso, era um objetivo possível; o cabo tinha de estar em algum lugar entre as paredes de nosso pequeno apartamento, e embora houvesse um bocado de opções, essas opções ainda assim eram finitas. Eu pilhava todos os cantos como um assaltante experiente — sua gaveta de calcinhas, sua gaveta de sutiãs, seu jarro de lembrancinhas.

Semanas de caça ao tesouro se passaram. Meses se passaram. Depois passou um ano. Eu me acostumei àquela procura, evoluindo do medo das saídas de minha mãe para a expectativa das oportunidades de me entregar àquela caça, cujo prêmio era o terrível elixir da sessão comédia. Eu armava minha programação com antecedência. Se, por alguma razão, uma reunião era cancelada ou reprogramada e minha mãe ficava em casa, eu chafurdava na frustração e no desapontamento.

Afinal, minha mãe acabou removendo o cabo tantas vezes que ele não ficava mais firmemente conectado à TV, caindo do aparelho no meio de um programa. Aquela onda de realidade silenciosa me propelia da poltrona como um sprinter ao ouvir o tiro de largada. Quanto mais eu enfiava o cabo no aparelho, pior ele ficava, de maneira que cheguei à bem pensada conclusão de que, se molhasse a sua ponta, o fio grudaria melhor em seu lugar, como um selo no envelope. Com o cabo elétrico ainda ligado à tomada, pus minha boca na outra ponta e a lambi, depois lambi mais uma vez, depois a conectei de novo no aparelho, e fui me sentar e assistir confortavelmente à programação.

Até uma noitinha de domingo, quando eu estava provavelmente com uns dez anos. Acompanhei, horrorizado, a movimentação de minha mãe, em um sombrio ritual de padre na missa, desconectando o cabo da tomada, removendo-o do aparelho, abrindo a mochila e pondo-o dentro, até sair para sua reunião. Ouvi a chave girar na fechadura e seus passos primeiro no hall, depois na escada, *clip, clip, clip*, até sumirem completamente. A guerra acabou. Minha mãe venceu. A noite se estendeu diante de mim interminavelmente. Minha punição era a prisão. Prisão perpétua.

Apenas uns poucos quarteirões de onde morávamos minha mãe e eu, havia uma pizzaria chamada Uncle Charlie's. Era um lugar escuro e pequeno, que tinha um videogame e uma máquina de pinball. A máquina de pinball atraía uma geração anterior à minha, à qual eu não pertencia. O videogame, no entanto, estava sempre cheio de garotos observando o jogo, como apostadores numa luta de galos. Durantes as tardes, eu passei a me insinuar entre os meninos mais velhos e fortes para olhá-los jogar. Havia uma virilidade no que eles conseguiam marcar, alcançando com habilidade níveis que os menores só poderiam sonhar.

Eu era horrível no jogo. Nunca entendi as regras perfeitamente. Eu entrava em pânico muito rapidamente sob pressão. Era deliberado demais quando mirava contra as espaçonaves inimigas. Ficava aliviado quando o jogo terminava, como se voltasse ao mundo real depois de um pesadelo horrível. Depois, eu dava um passo para trás e deixava os garotos mais velhos tomarem as rédeas.

Na noite em que minha mãe saiu com o cabo da televisão, me ocorreu que, diferentemente de um prisioneiro, eu estava na verdade livre para ir ao Uncle Charlie's, se eu quisesse. Retirei uma nota de dólar da gaveta da cômoda e olhei para ela. Que prova haveria de que eu deixara o apartamento. Nem um traço.

Naquele momento, o Uncle Charlie's pertencia a um homem obeso, de cabelos pretos e sobrancelhas peludas, cujo nome era Joel, mas todo mundo chamava de Charlie. Ele estava comendo um pedaço de pizza quando entrei. (Eu tinha a maior inveja do infinito fornecimento de pizza ao qual ele tinha acesso.) O lugar estava vazio. O chão tinha sido varrido, as mesinhas limpas de resíduos. O relógio na parede marcava 8h50. Eu estava preparado para que ele me perguntasse por que estava na rua tão tarde da noite, mas não perguntou. Sem o menor interesse, ele me deu quatro fichas pelo meu dólar. Joguei uma moeda na ranhura da máquina, que tocou sua música de bateria enquanto as espaçonaves inimigas partiam para o ataque. Atirei nelas, bala após bala, e as espaçonaves se desintegraram com o impacto. Era prazeroso destruir. E, na minha cabeça, comecei a jogar um jogo diferente daquele que estava retratado. Imaginei que minha espaçonave era comunista, e as espaçonaves inimigas eram dos capitalistas. O que estava em jogo nesse duelo me dava energia. No nível um, derrotei amplamente o capitalismo. Também no nível dois. E no três. A cada nível subsequente do videogame que aparecia na tela, todos que já havia derrubado antes reapareciam para ser mortos novamente, e a cada vez eram mais numerosos, rápidos e resistentes, e a cada vez eu estava à altura da tarefa. Pensei nos garotos mais velhos e sua proficiência videogame, e me perguntei o que então pensariam de mim. Minha mão esquerda doía de tanto segurar o controle, e as pontas dos dedos direitos estavam anestesiados de tanto bater furiosamente no botão amarelo que soltava minhas balas. Minhas armas eram as armas de Marx, Engels, Trotski, Jack Barnes. E os navios que vinham me abater eram pilotados por Jimmy Carter, Andrew Carnegie, "os ricos babacas" e o próprio Uncle Charlie. Ao final, não havia mais a menor chance, a velocidade da máquina crescera exponencialmente e, em meio a uma quantidade impossível de naves capitalistas, ardi em chamas.

Fiquei em pé diante da máquina, zonzo, gasto, observando-a me graduar e me convidar a gravar minhas iniciais. Eu ainda tinha setenta e cinco centavos. Eram 9h20 da noite. Pus uma moeda. Fiz um erro bobo e morri na primeira tela. Eram 9h22. Pus outra moeda. Morri na segunda tela. Soquei a lateral da máquina. "Ei, você!", gritou Uncle Charlie. Pus mais uma moeda. Joguei com resignação, derrotado. "Se eu perder, perco porque me importo tão pouco com você que nem tento vencê-la." Perdi. Não tinha mais moedas. Olhei para o chão em busca de uma moeda perdida. O chão tinha sido varrido. Eu me senti humilhado por minha carência. Senti uma raiva súbita dos garotos que pareciam estar sempre em posse de um fornecimento sem fim de moedas. A tristeza deu lugar à raiva. Levaria um bocado de tempo até eu conseguir outro dólar. Eu o queria de volta. Queria desfazer tudo.

Não havia alma na rua. Estava muito escuro, muito vazio. De repente, percebi a estranheza de um garotinho como eu estar na rua tão tarde da noite. Eu me sentia como alguém que se aventurou longe demais dirigindo sob a tempestade antes de se dar conta de que estava no meio de um furacão. Tomei o caminho para casa mais comprido, embora mais bem-iluminado, andando devagar, com esperança de passar um ar de indiferença que dissuadisse qualquer predador. Aliviado, entrei no prédio e subi os dois lances de escada até o meu andar. Talvez a reunião de minha mãe tivesse acabado mais cedo e ela agora estivesse em casa assustada, irritada, esperando para me castigar por minha falta de juízo. "Por onde você andou, Saïd?!" Destranquei a porta e o silêncio do apartamento me inundou.

No alto da estante, minha mãe mantinha um pequeno açucareiro marrom, que ela usava para guardar trocados. Estava sempre cheio de moedas e notas amassadas. Quando descobri o açucareiro pela primeira vez, aquilo me pareceu um milagre. Minha mãe me disse que a louça era persa, e comecei a associar o açucareiro e o dinheiro com meu pai, imaginando que ele o dera a mamãe em troca de uma pensão, por ter ido embora. Naquela noite, destampei o açucareiro e peguei um dólar. Senti como se estivesse atravessando uma barreira invisível, mas não consegui descobrir quem era a pessoa fazendo a travessia.

Saí para a noite mais uma vez. Agora sem deliberações. A novidade da experiência se gastara. Estava completamente escuro, mas a escuridão já não me assustava. Uncle Charlie estava chupando uma Coca-Cola pelo canudinho quando entrei. Não me perguntou como eu conseguira outro dólar. Ele me deu um troco. Joguei duro; logo, perdi. O relógio marcou 10h12. Senti uma pontada no cotovelo de tanto apertar o controle. Eu queria esmagar alguma coisa em minhas mãos. Estava morrendo de vontade de mijar, e a sensação me incitava. O caminho mais curto para minha casa passava por uma viela. Estava um breu, mas decidi por esse caminho do mesmo jeito, como punição por ter gasto o dinheiro e ter perdido. Havia nisso uma imprudência que me cabia. Fantasiei ser interpelado pelas sombras. Eu tinha dever de casa para fazer, mas estava tarde demais. Eu desperdiçara a noite. Eu queria a noite de volta. A única coisa que poderia aliviar o desconforto, que poderia me redimir, que poderia me deixar mijar, era jogar aquele vídeo de novo. Entrei no apartamento. O silêncio. Não hesitei. Fui direto para o açucareiro.

13.

SOU SAUDADO NA entrada do restaurante iraniano por um homem que presumo ser iraniano. Está de terno e gravata e me diz com um élan perturbador: "Mesa para um, cavalheiro?"

— Não, devo me encontrar com uma pessoa.

— Por favor, pode olhar — diz ele, curvando ligeiramente a cintura e fazendo um gesto que abrangia todo o restaurante, um amplo movimento do braço, como se ele fora um porteiro, e eu, um morador.

O restaurante é pequeno e, com exceção de um casal mais velho sentado a uma mesa, não há outros clientes. Embora eu possa ver claramente que meu pai ainda não chegou, continuo em pé, verificando cada canto, olhando mesa a mesa, caso eu tenha deixado passar o óbvio. Depois, saio, passando de novo pelo iraniano, que diz "obrigado, senhor", como se eu lhe tivesse feito um grande serviço.

O jantar de hoje com meu pai é, para mim, como uma festa pelos meus 30 anos. Meu trigésimo aniversário foi há três meses. Vínhamos planejando nos encontrar até que houve um acontecimento importante e inesperado: uma reunião política. O presidente Clinton começou um bombardeio de quatro dias do Iraque sob o que veio a ser conhecido como Operação Raposa do Deserto, e em resposta o Partido Socialista dos Trabalhadores convocou uma reunião de emergência para mapear a estratégia de resposta da classe operária.

"Teremos que marcar outra ocasião", me disse meu pai ao telefone. A gravidade distante de sua voz, como se estivesse olhando documentos importantes enquanto falava, dava a impressão de que a reunião convocada teria grande impacto nos negócios globais. Concordei em remarcar imediatamente e sem objeções; se agisse de outra maneira, passaria por um grosso, que não se incomodava com o sofrimento dos outros. Algumas semanas mais tarde, eu recebi um panfleto pelo correio anunciando a última edição do relatório anual do Partido Socialista dos Trabalhadores, *Nova Internacional: uma revista de política e teoria marxistas*. Não havia qualquer carta com o panfleto, mas supus que ele fora enviado pelo meu pai. Esse último número da revista tinha sido escrito por Jack Barnes, e o título era: "Os tiros de abertura da III Guerra Mundial". Fora publicado originalmente sete anos antes, em seguida à primeira guerra do Golfo, mas merecia uma reimpressão como um "número especial de guerra". A capa mostrava uma linha de tanques americanos estacionados no deserto. Sentados em cima dos tanques, soldados olhando por binóculos, a aguardar a hora de começar o assalto.

O preço da revista era 12 dólares, mas ela estava sendo oferecida com dez por cento de desconto. Guardei o panfleto por um tempo, pensando que iria comprá-la, ou que *deveria* comprá-la, mas nunca o fiz. Passou um mês. Passaram dois meses. Pensei em telefonar para meu pai, mas seria de bom tom pedir um jantar de aniversário para si mesmo? Durante meu momento de indecisão, outros acontecimentos políticos ocorreram, depois outros, amontoando-se todos, supostamente ocupando meu pai em termos de planejamento e estratégia. Em fevereiro, Amadou Diallo, pobre, preto e desarmado, levou 19 tiros de policiais de Nova York, e rapidamente foi programada uma série de conferências do Partido Socialista dos Trabalhadores. Veio a primavera e a Otan começou a bombardear a Sérvia. "ABAIXO O BOMBARDEIO IMPERIALISTA DA IUGOSLÁVIA!", dizia a manchete de uma edição de *O Militante*. E depois disso meu pai voou para a feira do livro de Teerá, à qual ele comparecia há muitos anos como o editor de idioma persa da Pathfinder Press. E depois disso eu já estava com 30 anos e meio.

Então um dia, a propósito de nada, o telefone tocou.

"Sidsky!", gritou meu pai, sua voz cheia de imensa alegria, como um marinheiro que sobreviveu a mares bravios e finalmente conseguiu chegar à praia para o abraço daqueles que o aguardavam. Naquela única palavra — *Sidsky!* —, tudo foi instantaneamente perdoado por mim, ou esquecido, e foi assim que me vi de pé em frente a um restaurante iraniano no Garment District esperando por meu pai.

E se, enquanto eu estivesse no restaurante, meu pai viesse até a porta e, não me vendo, não tivesse a ideia de olhar dentro e simplesmente decidisse que eu tinha chegado e ido embora, e assim decidisse ir embora também? "Você não estava lá, Sidsky..."

Abro caminho até a esquina, passo por carregadores puxando carrinhos de vestidos de noiva, e olho na direção da estação de metrô, mas não há sinal de um homem de costas que pareça com meu pai. E se ele não veio de metrô e está chegando de uma outra direção completamente diferente? Corro para o outro lado. E, é claro, lá vem ele do final do quarteirão, meu pai, exatamente como o recordo, seus passos longos e decididos.

Não, não é meu pai, mas um homem que se parece com ele. De repente, passo a vê-lo em todo canto, como se um vento forte tivesse reunido todas as aproximações que existem de meu pai em Nova York, soprando-as na minha direção. Tem um vestido exatamente como meu pai poderia estar vestido, e um outro que é careca mas não tão boa-pinta, e outro ainda que é boa-pinta mas não usa óculos. Me ocorre que fui um tolo de ter saído do meu lugar na frente do restaurante. Então corro de volta, determinado a me plantar no mesmo lugar sem interrupção, mas agora me parece acertado ir lá dentro de novo para verificar se meu pai não entrou e pegou uma mesa para dois.

E do meio da barulheira chega uma voz que eu reconheceria em qualquer lugar: "Oi, Sidsky."

Eu me viro e lá está ele, sorrindo abertamente, seu rosto, um estudo da serenidade.

— Pai — grito, como se estivesse muito longe na rua. — Estava ficando preocupado, pai — há irritação em minha voz, e eu lamento a irritação.

— Estou atrasado? — ele pergunta preocupado. Puxa a manga e olha o relógio. — Não, Sidsky, cheguei pontualmente.

A essa altura, não tem mais importância. Tudo que aconteceu antes se retrai para limites indistintos e eu me aproximo para lhe dar um abraço, para saudá-lo como se deve, mas ao fazer isso sinto-o enrijecer levemente, como uma tábua de passar roupa posta em sentido vertical, e ele estende sua mão para eu apertá-la. Não tenho opção senão pegar a mão dele. Minha mão é magra, e a dele permanentemente gordinha, inchada, mão de merengue. "Daqueles invernos em Teerã", diria ele, "quando eu era pobre demais para comprar luvas". Apertamos as mãos como conhecidos, conhecidos que têm um sentimento mútuo de apreço.

Se meu pai envelheceu desde que o vi da última vez, é imperceptível. Ele não perdeu nem ganhou peso, está vestido como sempre se vestiu, o que quer dizer uma indumentária de professor de matemática: gravata azul, camisa branca, seu barrigão lutando contra os botões, calça preta, sapatos pretos. Ele parece a meio caminho entre o pobre e o rico, com um cheirinho de suor, que dá para sentir mas não chega a ser repulsivo. Meu pai tem um rosto redondo, agradável, e olha para mim por trás de óculos redondos de aro de metal. "Faça uma pergunta", sua expressão parece dizer, "e darei uma resposta". Eu queria ter uma pergunta para fazer, porque há algo nele de muito convidativo, como um urso, caloroso, robusto, reconfortante. Toda vez que o vejo ele parece cheio de energia e animação. Ele fica acordado até tarde, acorda cedo, não reclama. Nunca parece preocupado, ansioso, pouco à vontade, atormentado pelas coisas por vir. Ele acredita que o mundo segue a toda numa espiral descendente, é claro, que a pobreza é insolúvel, que as guerras são constantes, mas esses pensamentos não o afligem da maneira como afligem minha mãe e a mim mesmo. Ao contrário, ele é revigorado por essas ideias. A revolução virá, com certeza, e, quando vier, tudo vai dar certo. Até lá, é trabalhar, comer, beber, trepar. Tenho certeza de que meu pai viverá até os cem anos.

O único elemento que perturba o ar de acadêmico é um boné preto de beisebol em sua careca, com os dizeres: *Fraternidade Internacional dos Trabalhadores Elétricos*. Nunca antes eu tinha visto meu pai usando um boné de beisebol, e aquilo me incomoda. É algo que se destaca muito radicalmente com relação ao resto de sua roupa, nem que estive iluminado a gás néon. O boné está bastante usado e virado ligeiramente para o lado, dando-lhe um ar devasso que sabota seu evidente jeitão intelectual, como se ele fosse um moleque de outra época saído de um beco para esmolar comida. Talvez ele tenha recebido esse boné de presente de algum ativista da Fraternidade

Internacional dos Trabalhadores Elétricos enquanto vendia exemplares de *O Militante* no piquete de greve. "Me foi dado como um ato de solidariedade", poderia dizer. Nessa linha, poderia dizer também que recusou o presente do trabalhador para pagar pelo boné com seu próprio dinheiro, e *isso* teria sido um ato de solidariedade. Essa é uma pergunta que talvez eu pudesse fazer, mas já sei que temos pela frente uma longa noite de política, começar antes da hora não tem o menor sentido. Além disso, receio que, se eu chamar atenção para o boné, ele veja em minhas palavras uma crítica a seu modo extravagante e, orgulhosamente, não o tire da cabeça nem dentro do restaurante, o que, na minha opinião, será muito inadequado. E se eu lhe disser isso, "Pai, acho que você deveria tirar o chapéu", mais ainda ele perceberá um ataque à Fraternidade Internacional dos Trabalhadores Elétricos e ao sindicalismo em geral. Melhor segurar a língua.

Lenin usava um boné bem parecido, grosseiro e frouxo, meio estranho. Seu boné, porém, foi comprado quando ele estava em Estocolmo às vésperas da revolução e era um costume não do proletariado, mas dos artistas plásticos do início do século XX. Ele pode ser visto com seu boné numa foto de 1919 em que conversa amigavelmente com Trotski e Kamenev. Também aparece amassado em sua mão direita enquanto ele se debruça sobre o palanque na Praça Sverdlov, em Moscou, exortando os soldados do Exército Vermelho antes da partida para a frente polonesa. E ainda lá, de volta a sua cabeça, em Gorki, Lenin sentado numa cadeira de rodas, sua saúde rapidamente se deteriorando, o fim próximo, Stalin esperando à margem. O boné de Lenin contradizia seu terno e gravata, contradizia sua aparência de intelectual, e o destacava de outros revolucionários da época, muito da maneira como o boné do meu pai o destaca. Acho que é essa a questão. Olhe para mim, sou um professor de matemática, sim, mas minha aliança é com os trabalhadores braçais, aqueles que se organizam, aqueles que lutam, aqueles que dão duro. Olhe para mim, não sou o homem que você acha que eu sou, mas outra coisa, algo no espaço entre o professor e o trabalhador elétrico, uma terceira coisa completamente diferente. *Faça uma pergunta.*

Mais fácil de ignorar, mas não menos desconcertante, é que se vê pendurada do ombro do meu pai a tira de uma mochila azul. Entre companheiros do Partido Socialista dos Trabalhadores, são acessórios verdadeiramente onipresentes, essas mochilas. Minha mãe levava a dela toda a vez que saía. Dentro, todos os instrumentos necessários para ação revolucionária: os últimos números de *O Militante*, material de divulgação das próximas conferências e comícios, um rolo de fita adesiva, um grampeador, uma caixa de grampos, outro rolo de fita adesiva. Éramos como alpinistas, ela e eu, subindo a montanha da revolução. Em geral a caminho de algum lugar, de repente minha mãe parava diante de um poste elétrico ou de linha telefônica, se ajoelhava na calçada, abria a mochila e removia um cartaz que poderia dizer algo como *Estados Unidos fora de El Salvador! Passeata em Washington!* em tal e tal data, com mais ou menos um parágrafo resumindo o caminho para os trabalhadores sob um governo imperialista que os esmaga com força cada vez maior. Eu parava ao lado de minha mãe e ficava de lado, observando a simples sequência de ela se debruçar sobre a mochila na calçada, quase se atracando com a bolsa e escavando o cartaz lá dentro, para se aprumar e pregar o cartaz no poste de madeira — bangue,

bangue, bangue. Era preciso pregá-lo com força para que não voasse com o vento. Passantes olhavam para minha mãe, para o cartaz, para mim. Eu morria de vergonha. Como se estivesse pelado. Jamais alguém parou para olhar o que estava escrito no cartaz, nunca disseram "taí, estou de acordo", ou mesmo "discordo totalmente". O que era da maior importância para a gente não tinha menor importância para eles.

— Vamos comer — diz meu pai. — Vamos comer? Estou ficando com fome.

— Claro, pai. Estou com fome também.

Entramos os dois no restaurante e ficamos esperando o homem engravatado enquanto ele conduz outros clientes para uma mesa, curvando-se, rindo, agradecendo. Em seguida, vem em nossa direção.

— Olá — diz ele. Não sei se está se lembrando de mim. — Mesa para dois?

— Isso mesmo — responde meu pai.

— Por favor — diz e faz uma ligeira mesura, meu pai também e ele nos conduz a uma mesa no fundo.

O restaurante é atapetado e tem uma iluminação rebaixada e romântica, com toalhas de mesa brancas. Em cada mesa, um jarrinho com uma única margarida tão precisa em seu detalhe que é difícil dizer se é verdadeira ou falsa. Deixaram a porta aberta para que uma brisa entrasse e refrescasse os clientes. Os sons do Garment District escoam da rua. Um ajudante de garçom vem a nossa mesa e acende uma vela. Meu pai sorri e passa o dedo sobre a chama. Na escuridão do restaurante, seu boné parece ter desaparecido, mas as palavras brancas *Fraternidade Internacional dos Trabalhadores Elétricos* flutuam e dançam sobre sua cabeça.

— Aí, pai — adianto, inseguro —, talvez você pudesse tirar o boné.

— O quê? — diz ele alarmado. E depois: — Ah, sim!

Tira o boné da cabeça e o enfia na mochila. E assim fica tudo resolvido.

A garçonete chega a nossa mesa. Não parece iraniana. Talvez chinesa. Jovem e bonita, embora sua pele pareça quase despigmentada de tanto expediente noturno levando comida para lá e para cá. Ela se expressa timidamente e com sotaque, forçando-nos a nos debruçar para decifrar suas palavras.

— Posso começar oferecendo as bebidas? — pergunta.

— Posso começar oferecendo as bebidas — meu pai repete consigo mesmo, remoendo a frase por um instante como se não esperasse a pergunta, mas apreciasse sua construção gramatical. E aí pergunta com certa arrogância: — Qual é o vinho da casa?

— Temos Chardonnay — começa a garçonete. — Temos...

— Chardonnay! Chardonnay parece uma boa ideia! — ele olha para mim. — Chardonnay é uma boa ideia, Sidsky? Se eu pedir um Chardonnay, você toma uma taça comigo?

— Claro, Pai.

— Você ouviu isso? O aniversariante vai tomar uma taça de Chardonnay comigo. Portanto, acho que vamos precisar de mais de uma taça — meu pai sorri para a garçonete como se tivesse dito algo muito esperto. A garçonete sorri de volta, mas é evidente que ela não sabe do que está rindo, e é evidente que meu pai não sabe que ela não sabe. O sorriso dele se alarga.

— Vamos começar com uma garrafa de Chardonnay.

E a garçonete desaparece.

Meu pai olha para mim. Eu olho de volta. Ele nada diz. Eu não digo nada. Poderíamos estar sentados numa mesa da cafeteria de Oberlin vinte e cinco anos atrás.

— Como você vai, Sidsky? — pergunta, finalmente.

— Vou indo, pai.

— E a carreira de ator?

— Não tão bem.

— Pouco a pouco, Sidsky.

— Obrigado, pai.

— Como vai Martha Stewart?

O nome *Martha* rebate em cada parede, mas os dois ignoramos o fato.

— Nada mal — digo. Lembro de minha cadeira giratória.

— Ela ainda é uma bilionária.

Ele abafa o riso. Depois fica pensando.

— E você, pai? Como vai?

Ele só estava esperando essa pergunta. Sem responder, curva-se e tira a perturbadora mochila azul de baixo da cadeira e a põe no colo. Depois me olha firme para ver se eu o estou observando. Acho que ele vai me dar algo de presente de aniversário, então olho para outro lado e, depois, para minhas mãos, porque olhar diretamente para alguém quando essa pessoa está se preparando para lhe dar um presente é grosseiro, mal-educado e, principalmente, presunçoso. Ele abre a mochila, uma operação delicada, porque é meio atrapalhado descobrir qual zíper pertence a qual compartimento, primeiro esse, depois aquele, e eu volto a olhar como se ele fosse um mágico em ação e, se eu piscar, perco o truque. Finalmente, graças a Deus, a coisa se abre e ele põe a mão dentro, chacoalha e tira algo que coloca na mesa a minha frente. Olho para *O Militante*, e ele olha para mim.

Vejo que meu pai circulou ou sublinhou trechos com caneta vermelha e escreveu observações nas margens — *camada do campesinato se unindo ao proletariado; efeito da decadência stalinista*. Há algo de comovente nisso, algo de aluno brilhante, com interesses e aspirações, que a gente imagina correndo para casa com a coisa que ele descobriu naquele dia. Meu pai foi um menino inteligente, pelo menos é o que ele conta, muito mais avançado que outras crianças da sua idade. Não tenho motivo para duvidar desse claro detalhe no que permanece para mim uma infância misteriosa. Uma vez, ele me contou como, quando tinha 6 anos de idade em Tabriz, sua mãe recebia seus colegas na porta dizendo: "Desculpem, mas Mahmoud não pode brincar agora, está lendo Hafiz", referindo-se ao poeta e místico persa do século XIV. De acordo com meu pai, o equivalente ocidental seria dizer: "Desculpem, mas Mahmoud não pode brincar agora, está lendo Shakespeare." Quando reconta essa anedota, ele não o faz com arrogância, mas com desapontamento, um menino olhando pela janela do quarto o dia de sol. Ele entende a pretensão que há ali e os efeitos deletérios dessa pretensão sobre um jovem. Mas a lenda do intelecto excepcional só fez crescer com o tempo, até ser aceita por todos que o conhecem. E pelo mais breve dos momentos, estou de novo com minha mãe, é de manhã, ela está preparando o café, estou brincando no chão perto dela, que me diz referindo-se a alguma conversa em seu interior: "Se eu pelo menos tivesse conseguido ficar à altura de Mahmoud na política. As coisas teriam se passado de outra maneira para mim."

A garçonete põe a garrafa de Chardonnay na frente da gente. Meu pai olha para sua bunda quando ela se vira. Depois olha para a garrafa de Chardonnay. Depois olha para mim.

— Esse é branco — ele me diz.

— É Chardonnay.

— Eu queria tinto.

— Chardonnay não é tinto.

— Nunca?

— Acho que não.

— Merda — diz consigo mesmo.

Há um interlúdio difícil enquanto ambos contemplamos as ramificações. Em seguida, meu pai se anima:

— Sidsky, você tem acompanhado a greve dos mineiros?

— Não, pai — respondo querendo ter acompanhado. — Na verdade, nem ouvi falar.

Meu pai meneia a cabeça.

— A mídia capitalista está sempre tentando deixá-la fora do noticiário, claro — diz, incrivelmente sem amargura. — Muito interessante como as coisas estão se desenvolvendo — seu sotaque faz com que acentue a sílaba errada, em vez de desenvolVENdo, desenVOLvendo.

Aponta para *O Militante*.

BOMBAS DA OTAN MATAM TRABALHADORES SÉRVIOS E ALBANESES, anuncia a manchete. Uma foto mostra um grupo de homens e mulheres chineses com um cartaz que diz em inglês e em chinês *Parem o bombardeio assassino*, sob a foto uma outra, menor, de uma bomba explodindo espetacularmente, como fogo de artifício, numa calçada agradável alinhada com potes de plantas.

— Não, Sidsky, olhe aqui — e ele abre e alisa *O Militante* e, óbvio, como ele disse, há um artigo sobre a greve dos mineiros.

— Essa é a única publicação em que você pode descobrir a verdade — ele diz, como se fosse a primeira vez que eu via um exemplar de *O Militante*. Depois se cala. O silêncio torna clara a implicação.

— Acho que eu deveria comprar — digo. — Quanto custa?

Uma pergunta calculada, é claro. Eu sei quanto custa. Pergunto porque quero que ele diga: "Deixe disso, Sidsky, você não precisa pagar. Pegue."

— Um dólar e cinquenta — meu pai diz. Há uma brutalidade implícita em sua voz que me dá a certeza de que, se faltar um centavo, ele não vai me vender o jornal.

No penúltimo apartamento em que vivi com minha mãe, tínhamos a sorte de poder usar uma cabine no depósito do subsolo. Ainda assim, minha mãe preferiu guardar sua centena de *Militantes*, completamente desorganizados, em um armário em frente à porta de entrada do apartamento. Era um armário bastante fundo, mais fundo do que qualquer outro que tivéramos antes, mas para nosso azar, por descuido ou maldade, o arquiteto projetou a porta abrindo para dentro, e não para fora, o que significava o morador ficar privado de 50% do espaço de armazenamento. Portanto, para fazer uso do armário completo, minha mãe passou simplesmente a manter a porta aberta o tempo todo. A primeira coisa que uma visita via ao entrar no nosso apartamento era o casaco de lã xadrez de minha mãe pendurado no cabide e embaixo dele pilhas de *Militantes* correndo até a beira do armário e segurando a porta escancarada.

Pego minha carteira e tiro algum dinheiro.

— Agora sua perspectiva vai se alargar — diz meu pai, alegremente. E eu fico alegre também. Essa noite quero fazer tudo para agradá-lo. — A greve está acontecendo numa região antracite, Sidsky. Você sabe o que é uma região antracite?

— Não, pai. O que é uma região antracite?

Ele abaixa a voz e se inclina em minha direção.

— Para fora, essa greve é por salários e pelo direito de organização, mas na verdade do que se trata?

— Não sei, pai.

Ele respira fundo e diz com grande convicção: — Da dignidade humana.

Cada palavra é dita com ênfase. Depois me olha no fundo do olho como se esperasse que o conceito de dignidade humana fosse de alguma maneira controvertido para mim e ele estivesse pronto para defendê-lo com todas as suas armas. Por um minuto, penso em responder só de gozação: "Na verdade, me oponho à dignidade humana, pai."

— Estamos fazendo nossa campanha de assinatura agora, Sidsky. Talvez você queira fazer uma assinatura. Temos um plano inicial de 12 exemplares por 10 dólares.

— Acho que eu deveria fazer esse.

Tiro mais dinheiro da carteira. Meu pai pega-o de mim e o coloca em um envelope branco vazio, no qual rabisca alguma coisa. Enfia o envelope na mochila azul e fecha o zíper.

Volta a garçonete: — Vocês gostariam de ouvir as sugestões do chef?

Meu pai olha para ela com ar arrependido.

— Desculpe, acho que houve um equívoco — e conduz o olhar para a garrafa de Chardonnay, esperando que ela adivinhe o problema. — O que eu queria mesmo — e ri, timidamente — era vinho tinto.

— O quê?

— Desculpe — diz novamente. — Por acaso, você tem Zinfandel?

Sem continuar com as sugestões do chef, a garçonete rapidamente retira o Chardonnay e some.

Em um ano mais ou menos, a sede nacional do Partido Socialista dos Trabalhadores vai ser vendida e realocada a alguns quarteirões de onde nos encontramos agora, no Garment District. A ideia é que a sede deva ficar mais perto dos trabalhadores em confecção, que o partido identificou como peças fundamentais nas próximas lutas da classe operária. Empacotadores de carne, mineiros e aeroviários também são considerados fundamentais. Agora, porém, a sede nacional fica na rua Charles, no remoto West Village, sempre lá desde minha meninice, tanto o escritório como a gráfica, abrigados em um prédio de seis andares que está, coincidentemente, a apenas cinco quarteirões do meu apartamento. Quando vou pedalando West Side Highway abaixo até o parque urbano Battersea, passo por lá, a sede plantada diante do Rio Hudson, junto a condomínios de milhões de dólares, enquanto roda seus *Militantes* e os livros da Pathfinder. É simples e sem enfeites como as casas dos companheiros. Mas, no final dos anos 1980, o partido conseguiu levantar a incrível soma de 125 mil dólares e encomendou a oitenta artistas de vinte países a pintura de um mural gigante cobrindo toda a lateral do prédio, 21m de altura por 26m de largura. Havia retratos coloridos de todas as grandes figuras da luta, de Marx e Lenin a Trotski e Che e Cesar Chávez; todos os revolucionários imagináveis estavam lá (exceto Stalin e Mao), todos flutuando em volta de uma imensa gráfica enquanto se imprimiam rolos e rolos de papel com a máxima provocativa de Fidel Castro: "A verdade deve não só ser a verdade, mas tem que ser dita."

O mural representou uma imensa conquista para o Partido Socialista dos Trabalhadores, e sua criação foi coberta pelo *O Militante* por meses a fio até sua inauguração. Quando finalmente desvelado, no gelado novembro de 1989, foi saudado como uma realização nascida dos frutos da Revolução Nicaraguense e dedicado ao povo trabalhador da cidade de Nova York e do mundo.

Mas uma noite alguns anos mais tarde, alguns arruaceiros jogaram tinta sobre a pintura, manchando o rosto de Fidel e logo foi formada uma "liga de defesa do mural". Isso envolvia um plantão dos companheiros dentro da sede vigiando o mural 24 horas por dia, sete dias da semana. Volta e meia eu recebia um telefonema do meu pai dizendo que ele iria dar o plantão da meia-noite da liga de defesa do mural e gostaria de tomar café da manhã comigo no dia seguinte. É claro que eu aceitava o convite e, na manhã seguinte, andava dois quarteirões até a La Bonbonniere na Oitava Avenida, onde eu mergulhava em panquecas com salsicha antes de seguir para Martha Stewart. Apesar de não ter dormido a noite inteira, meu pai parecia cheio de energia, como sempre.

Mas a liga não tinha um plano de defesa contra o mau planejamento, e menos de oito anos depois da inauguração do mural as cores estavam desbotadas, a pintura já descascava, e descobriu-se que os tijolos da parede tinham rachaduras e teriam de ser todos substituídos antes que o prédio ficasse completamente comprometido e fosse preciso demoli-lo. Assim, outros cem mil dólares foram levantados, e os rostos de Marx e Lenin, Trotski e Che e César Chávez e as palavras *A verdade deve não só ser a verdade, mas tem que ser dita* foram retirados, tijolo por tijolo. De novo, cobertura completa semanas a fio pelo *O Militante* e de alguma maneira todo o processo foi celebrado como outra realização — *Digna retirada do mural* — até que não sobrasse qualquer traço da pintura, substituída por um plástico cor-de-rosa.

A garçonete se materializa ao lado da mesa.

— Desculpe — ela diz para meu pai, acenando primeiro para a garrafa de Chardonnay em sua mão e depois para o espaço vazio no centro da mesa. É a vez dela de rezar para que meu pai intua o que está sendo dito. Ele não intui.

— Desculpe — ela diz de novo, baixando a voz até quase sussurrar. — Não podemos trocar essa garrafa por outra de vinho tinto.

Os olhos castanhos de meu pai olham para ela impassivelmente enquanto as palavras vão assentando. Depois ele dá uma gargalhada como se lhe tivessem contado uma grande piada.

— Desculpe — ela diz, esperançosa —, porque a garrafa foi aberta, o senhor compreende, e o restaurante não poderá revendê-la a outro cliente.

— Revendê-la — meu pai deleita-se com a palavra.

A garçonete ri um sorriso de compreensão, um sorriso simpático. Meu pai olha para mim ponderadamente como se eu devesse interceder, depois meneia a cabeça uma vez, duas vezes, mergulha o queixo no peito como se fosse tirar um cochilo e, de repente, levanta o rosto para encarar a moça.

— Chame o gerente.

A garçonete fica intimidada. *O gerente?* Rapidamente, chegou a esse ponto. O mais mínimo dos mínimos sorriso atravessa seus lábios, como se tudo aquilo fosse má comunicação da qual logo estaremos rindo. Mas vendo que o rosto do meu pai já não trai uma expressão de humor, ela se vira e sai depressa, garrafa na mão.

— Está vendo só? — seus olhos brilham de raiva, como se eu tivesse participado de um crime. Depois, simpaticamente, ele reverte: — Puseram-na numa situação ruim.

Em seguida, para si mesmo, resmunga desanimado:

— O que representa isso para eles?

Estranho silêncio. Distraidamente, meu pai passa o dedo para um lado e outro sobre o castiçal, fazendo a chama dobrar e dançar. Depois, examina a margarida no vaso e pergunta: "É de verdade?" Arrumamos e rearrumamos os talheres.

Finalmente, para quebrar o gelo, meu pai pergunta:

— Você conhece a história do Garment District, Sidsky?

— Acho que não.

— As mulheres — diz ele. — Pobres mulheres.

Ele cansa. Espero que continue. Ele passa o dedo sobre a chama.

— Você já leu *A história da Revolução Russa*, Sidsky?

— Não li, pai — digo, com uma consciência covarde de que ainda tenho que dar uma resposta afirmativa essa noite.

— Trotski explica por que a revolução começou com as costureiras. Você tem um exemplar? Da próxima vez, vou trazer para você. Não comece pelo primeiro capítulo. Comece pelo capítulo seis — ensina, para em seguida recitar poeticamente: — As lutas das costureiras são como sóis nascentes para o mundo ver.

Meu pai não tem qualquer noção sobre as lutas das costureiras. Tenho certeza de que jamais leu um livro sobre elas, ou viu um filme, ou foi à biblioteca para buscar um artigo. Ele conhece implicitamente. Falta de conhecimento não é um impedimento. Meu pai é capaz de discorrer alegremente sobre os maiores dos grandes temas: a evolução social dos seres humanos desde o *homo habilis*; os fundamentos materialistas das civilizações antigas; a Revolução Francesa; a Guerra Fria. Ele conversa comigo sobre teatro. Os assuntos que escolhe são em geral tão vastos, tão impressionantes, que se pode perdoar quem não percebe como é oca toda a informação que ele passa. Experimente conversar sobre o Império Otomano e a maneira como foi dividido pelos vencedores da Primeira Guerra Mundial, e ele vai piscar como se estivesse cansado de falar nesse assunto. "É mesmo?", dirá, com distância. Mas nos termos mais gerais ele pode falar da opressão imperialista do Oriente Médio com grande verve e por muitas horas. É seu trabalho. Ele é um missionário socialista em meio aos selvagens do proletariado, e toda relação social se apresenta como uma oportunidade de catequese. Não importa se ele mesmo conhece os detalhes dos tópicos sobre os quais discorre: sua preocupação é com a Verdade. Já ouviu outros companheiros falarem sobre as costureiras, e esses outros companheiros já tinham ouvido o mesmo de ainda outros companheiros, e ele pode concluir que provavelmente estão todos corretos, que não é necessária uma reordenação do mundo, segundo sua visão. Além desse ouvir-dizer, no entanto, nunca se aventurou independentemente. Tal investigação seria redundante e um egrégio desperdício de tempo e poderia, em algum ponto, desafiar as conclusões sobre as quais ele, confortavelmente, já se aboletou.

E justo nesse momento o gerente do restaurante chega à nossa mesa. Já estou vendo que sua impecável camisa branca vai indicar para meu pai que ele praticamente não trabalha. É óbvio que foi o gerente quem emitiu o pronunciamento sobre o vinho e agora ele está preparado para defender seu ponto de vista da maneira mais diplomática possível. Atrás dele está a garçonete; poderia ser uma estudante visitando o escritório do diretor junto com seu pai. Em suas mãos brancas, está a garrafa de Chardonnay, que ela segura pelo gargalo como se fosse uma galinha que escolheu para estrangular para a ceia. O gerente nos sorri com aquele mesmo ar solícito e caloroso de quando chegamos. Agora ele virou o inimigo.

— Porque o senhor há de entender — ele embarca com grande gentileza —, o barman teria que abrir uma nova garrafa de vinho para servir...

— Tudo bem — diz meu pai, dispensando as sutilezas do argumento com um aceno de mão —, então vou lhe dizer o que faremos. É isso o que faremos. Vou lhe dizer. O senhor traz a conta do vinho. Pagamos pelo vinho. E saímos.

Uma esperta estratégia de negociação da parte de meu pai.

— Talvez o senhor pudesse pedir o jantar? — o gerente tenta a sorte.

Em resposta, meu pai reitera calmamente o plano do jogo:
— A conta. Pagamos. Saímos.

O restaurante inteiro fica em silêncio enquanto gerente e garçonete fazem o caminho de volta para compor a nossa conta. Aonde vamos agora, meu pai e eu? Onde encontraremos comida? Um silêncio pesado cai entre nós. Espero que quebre o gelo, mas ele não fala. É minha vez.

— Muito interessante sobre as costureiras — murmuro. — Como as costureiras começaram a revolução?

— O quê? — meu pai levanta a cabeça.

— Eu só estava dizendo que é muito interessante o que Trotski diz sobre as costureiras começarem a revolução e que eu quero ler *A história da Revolução Russa* — minha voz cada vez mais alta. — Capítulo seis.

— É — diz meu pai, com enfado.

— Eu estava pensando que...

Mas antes que eu possa ir adiante, da escuridão pantanosa emerge a garçonete, segurando miraculosa e surpreendentemente uma garrafa de vinho tinto.

— Zinfandel — é tudo o que ela diz, e despeja na taça o vinho tinto, como um soldado derrotado obrigado a servir o rei inimigo.

Há pesar no rosto de meu pai, e ele cruza as mãos na barriga, como para assegurá-la de que, apesar de sua vitória, não vai tripudiar.

— Veja como enche a taça até a borda — diz, pensando que, para ela, será um reconhecimento. Ela sorri humildemente.

— Algumas pessoas dizem que o copo está meio cheio — insiste meu pai —, mas, quando se trata de vinho, deve-se encher a taça até a borda.

Ela lê as sugestões com voz de autômato. Os pratos têm nomes persas. Enterro minha cabeça no menu, fingindo considerar toda a gama de opções. As comidas são estranhas. São estranhas porque sou filho da minha mãe e minha mãe é judia, e a única vez que ela tentou preparar uma comida iraniana, foi um fracasso. E nós dois sabemos disso.

Meu pai escuta a garçonete atentamente. Pergunta se esse prato tem berinjela, se aquele outro é frito. Ele pede para nós dois. Diz obrigado muitas vezes, ri muito, bate as pestanas demais, pede mais arroz e um acompanhamento de cebolas, se não for muito trabalho. Quando ela vai embora, ele levanta a taça.

— Um brinde pelo seu aniversário atrasado.

Ergo minha taça.

— Ao jovem.

— Tenho quase trinta e um, pai. Não me sinto um jovem.

— Isso é uma contradição — diz ele. — Eu não me sinto um velho.

Brindamos.

E meu pai derruba vinho tinto em sua camisa.

Eu tinha 9 anos quando voltei a Nova York pela primeira vez. Minha mãe fez uma sacola e me pôs no avião e me mandou sozinho para o fim de semana. Por que ela não foi comigo, não sei. Nunca antes eu tinha andado de avião, e minha expectativa era de ver a Terra inteira como os astronautas veem. Mas havia névoa durante todo o voo, e tudo que eu distinguia de minha janela eram montanhas de merengue. A aeromoça me deu amendoins e eu os comi, e ela me deu mais. Foi meu irmão que me pegou no aeroporto e me levou para casa. Ele estava com 18 anos e morava com sua namorada em um apartamento poucos andares acima do meu pai. Meu pai não apareceu todo o fim de semana. Nem minha irmã. Talvez não estivessem na cidade. Quanto a Dianne, já tinha sido dispensada por meu pai, que fora adiante com outras mulheres. E uns tantos anos mais tarde, depois de uma fracassada campanha para o governo de Nova York, Dianne cometeria o erro de planejar um evento para o Dia Internacional da Mulher, sendo julgada por violar o Artigo VIII, Seção II da carta do Partido Socialista dos Trabalhadores — colaborar com não membros sem autorização —, e acabando expulsa da organização.

Fazia três anos que eu deixara a cidade de Nova York e já não a reconhecia mais. Tudo parecia mais alto, mais rápido, mais sujo do que na minha lembrança, e minha sensação era de que aquela vida fora há muito tempo e acontecera com outra pessoa. Só a via como um sonho. Durante o dia, meu irmão e sua namorada me levaram ao Jardim Botânico, caminhamos por ali, olhamos as flores, e eles compraram sorvete para mim. Fiquei pensando que talvez conseguisse ver meu velho amigo Britton, de algum jeito, em algum momento, mas nunca aconteceu. Meu irmão falou da vez em que visitamos o Jardim com meu pai, minha irmã e Dianne. "Você se lembra?", perguntou. "Você se lembra da tartaruga, Zero, que enterramos?" Mas eu não lembrava. Naquela noite, ele e a namorada fizeram o jantar, e depois nós três ficamos na cama vendo televisão, horas a fio, rindo e brincando. Quando começou *O Incrível Hulk*, pulei para cima e para baixo no colchão como se eu fosse o Incrível Hulk, meu irmão, o cara do mal, e a namorada dele, a donzela em perigo. Na nossa bruta animação, meu irmão sem querer deu um soco no seio de sua namorada, que gritou de dor. "Desculpe!", ele implorou, pôs o braço a sua volta e segurou o seio dela. Os dois se aquietaram. Quando acabou o fim de semana, eu não queria ir embora. Meu irmão sentou do meu lado no metrô para o aeroporto e eu fiquei calado. Ele tentou contar piada para me alegrar, mas eu só olhava triste para os anúncios nas paredes. "Olhe", exclamou meu irmão quando o trem subiu à superfície. "Hoje não tem uma nuvem no céu. Você vai conseguir ver a Terra inteira."

É quase meia-noite quando saímos do restaurante. Acaba oficialmente meu jantar de aniversário de 30 anos. Eu havia comido demais, como sempre, e estava me sentindo pesado e inchado.

— Boa noite, senhor — diz o gerente na porta, com uma reverência para mim e meu pai.

— Boa noite — diz meu pai, fazendo a mesma reverência.

Deixaram o passado para lá. Meu pai diz algo em persa e o gerente sorri e responde. "Psiu", dizia minha mãe se nos aproximávamos de homens escuros na rua conversando numa língua estranha. E, depois de ultrapassá-los, ela dizia para si mesma: "Estavam falando persa."

Uma vez na rua, meu pai põe de volta o boné de beisebol. *Fraternidade Internacional dos Trabalhadores Elétricos.*

Uma névoa agradável cobre tudo, suavizando ruas e prédios. Tudo quieto. Passamos por um poste de iluminação antiquado.

— Bonito — diz meu pai numa genuína apreciação.

— Bonito mesmo, pai.

— Acho que é a gás — diz ele. — Sidsky, você sabia que, quando eu era menino em Tabriz, nós não tínhamos iluminação a gás?

— Não sabia.

— Tabriz saiu direto do escuro para a luz elétrica. É o tipo de coisa que acontece nos países atrasados. A Lei do Desenvolvimento Desigual e Combinado.

— O que é isso, pai?

— A Lei do Desenvolvimento Desigual e Combinado — ele diz de novo.

— O que significa?

— Trotski escreveu sobre isso. Dois países, um que explora e outros que... você sabe. Há coisas que se deSENvolvem desigualmente. Mas de maneira combinada. Trotski escreveu sobre isso — ele se dispersa.

Alguns carros passam, depois uma pessoa de bicicleta. Meu pai e eu andamos em silêncio. Cada um mergulhado nos seus pensamentos. Quais são os seus pensamentos? Passamos o Parque Bryant, e na escuridão as árvores parecem mãos. Do outro lado da rua fica meu escritório. Estarei lá de volta amanhã de manhã, às nove.

E então a estação de metrô aproxima-se da gente. Meu pai para e fica em pé à minha frente, a mancha de vinho tinto, agora seca, como uma marca de nascença em seu peito.

— Sidsky — diz meu pai, animadamente — deveríamos logo fazer isso de novo.

— Claro.

Ele pensa, faz um cálculo mental.

— Talvez a semana depois da próxima. Talvez.

— Fica bom para mim.

Eu sei o que vai acontecer, é claro: surgirão problemas, e a semana depois da próxima vai virar o mês depois do próximo, que vai se transformar em seis meses. Eu completarei 31.

— A semana depois da próxima fica perfeito — repito.

135

— Foi bom caminhar com você, Sidsky.

— Foi bom caminhar com você também.

— Feliz aniversário, Sidsky.

— Obrigado, pai.

De repente, ele me puxa para ele, me desequilibrando, e me dá um abraço atrapalhado, o pelo de sua barba arranhando o meu rosto. Nos abraçamos apertado por um momento, meio fora do eixo, torcidos como metal, seu cotovelo empurrando meu peito, vaga aproximação de um abraço.

— Comporte-se — diz ele em meu ouvido.

O metrô está vazio a não ser por umas poucas almas entediadas. Pego um assento em frente a um negro coberto por uma fina camada de poeira cinza e calçado com botas de construção. Ele me observa atentamente enquanto abro *O Militante* — o primeiro número de minha assinatura de 12 semanas. Dois pensamentos de peso igual passam por minha cabeça simultaneamente. Um é que serei saudado por ele como um "libertador" que compreende seu drama e o drama de todos que dão duro. O outro pensamento é que ele é um informante do governo.

Passo os olhos sobre alguns artigos. Os textos me parecem familiares, e percebo que muito da informação foi chupada de artigos que li em *The New York Times*, reescritos com uma inclinação marxista. As palavras *imperialismo* e *capitalismo* foram salpicadas em todas as matérias, Bill Clinton é chamado de William Clinton a fim de eliminar qualquer traço de familiaridade burguesa.

O metrô para, o negro se levanta e sai. Acompanho-o indo embora. Suas calças estão desfiadas e ele tem um leve claudicar, um tranco a cada passo, que o faz cambar para a esquerda. As portas apitam para fechar e o trem deixa a estação, passando por ele que segura no corrimão ao pé da escada, reunindo forças para a subida. *O socialismo vai te salvar.* Baixo os olhos para *O Militante*, e fico de repente chocado com sua semelhança a um jornal escolar. A fonte parece grande demais, por um lado, as fotos muito granuladas, e, além de tudo, o produto todo tem não mais que 16 páginas. Sente-se uma seriedade por trás do esforço, uma diligência que não está à altura do tamanho das ideias. É um jornal que aspira ser um jornal que aspira à revolução mundial.

Há um artigo sobre a última campanha de assinaturas. Analiso a tabela fornecida para documentar o progresso semanal. O objetivo para todos os Estados Unidos é de 968. Isto quer dizer que, de um universo possível de 300 milhões de pessoas, o Partido Socialista dos Trabalhadores espera vender 968 assinaturas. De oito milhões de pessoas em Nova York, o objetivo é de 120, dos quais 15 assinaturas já foram vendidas. Eles quase alcançarão os objetivos, é claro. Eles sempre quase alcançam. Sempre há aquela distância extraordinária a alcançar, obstáculos insuperáveis que só podem ser vencidos por um quadro disciplinado, de luta. Toda semana, há sempre os artigos que fazem a crônica de quantas assinaturas foram vendidas, quantas vendas ainda precisam ser feitas, e o que isso reflete sobre a consciência de classe como um todo dos trabalhadores nos Estados Unidos. Há os editoriais que convocam os companheiros a vender e vender. E há a manchete inflamada que anuncia um milagre para a 11ª hora. Quando eu era pequeno, sonhava com esses objetivos sendo alcançados. Nós estávamos sempre a uma assinatura de distância, um *Militante* a mais, um panfleto a mais, um livro a mais. Tudo de que precisávamos era um a mais, e então venceríamos, a revolução chegaria. Às vezes, alcançávamos o objetivo, às vezes, não, mas não tinha importância, tudo se resolvia da mesma maneira: em poucas semanas, haveria uma nova campanha de assinaturas, e começaríamos tudo de novo.

Percebo que me tornei a 16ª assinatura da cidade de Nova York.

14.

MEU PAI NÃO sabe, mas quando eu era pequeno minha mãe pendurou uma fotografia dele em preto e branco, emoldurada, sobre a minha cama. Tinha sido tirada cerca de um ano antes de eu nascer e mostra meu pai de pé em um palanque fazendo um discurso para delegados a uma conferência política em algum lugar do Meio Oeste. Na foto, ele está vestindo camisa branca, gravata escura e um paletó de lã escuro, com um crachá com seu nome pregado no tecido, está começando a ficar careca, barba despontando, e de óculos. Cobrindo a frente do palanque, há um retrato de uma pessoa, homem ou mulher, cujo rosto está completamente obscurecido por um cartaz que diz *Dekalb*. Meu pai está de olhos baixos para ler suas anotações, calmo e seguro como sempre.

Um dia, descobri que o rosto coberto pendurado na frente do palanque não era de um revolucionário iraniano, como eu pensara originalmente, mas de Che Guevara. Para mim, foi uma revelação estimulante, porque, embora meu pai me parecesse um estranho, o Che não parecia, e de alguma maneira me senti incluído. Minha mãe com certeza me informara sobre todos os aspectos da vida de Che: sua contribuição para a Revolução Cubana; seu famoso discurso, belicoso, na ONU; sua execução na selva boliviana. Anos adormecendo e acordando sob aquela fotografia, lentamente, fundiram aqueles dois revolucionários até que Che começou a me parecer tão próximo que eu comecei a acreditar que ele me pertencia e que era meu pai, e meu pai, Che, e então era meu pai no retrato e Che em pé no palanque fazendo um discurso sobre meu pai.

O que também soube por minha mãe foi que meus pais pensaram em me dar o nome de Che: sua execução tinha acontecido um ano antes do meu nascimento. Afinal, decidiram que não era uma boa ideia, raciocinando que o nome Che Sayrafiezadeh apresentaria obstáculos demais para mim ao longo da vida. Sempre achei essa explicação muito questionável, considerando que a alternativa que meus pais encontraram certamente não se originou com a ideia de facilitar minha passagem por esse mundo. Uma vez, meu pai me confidenciou que os nomes de seus três filhos eram uma maneira possível de traçar seu amadurecimento político. Quando me disse isso, sua intenção não era simplesmente um elogio, mas um supremo elogio. Estávamos andando pelo parque Prospect e tinha acabado de chover, e havia uma certa atmosfera de confissões íntimas que me cativou completamente.

Presumivelmente, meu irmão chamar-se Jacob não tem por trás quaisquer considerações políticas, apenas razões de família. São três Jacobs pelo lado de minha mãe: Jacob Finkelstein, o avô dela, proprietário e senhorio; Jacob Klausner, tio-avô, um florista; e Jacob Epp (née Epstein), herói no romance do meu tio *Something about a soldier* ("Algo sobre um soldado"). Há uma bela simetria no fato de o primeiro Jacob ser do lado do pai dela, o segundo, do lado da mãe, e o terceiro, completamente imaginário. Que meu pai, que não tem qualquer Jacob em sua família, tenha concedido a indulgência de nomear seu filho segundo um florista ou um senhorio é a prova para mim de que sua personalidade, sua visão de mundo, sua relação com a esposa foram em alguma época tão diferentes que se tornaram irreconhecíveis nele mesmo. Na época que minha irmã nasceu, três anos mais tarde, meu pai já começara a gravitar em torno das ideias de revolução, e Jamileh tem esse nome em homenagem a Djamila Bouhired, uma ativista da Frente Nacional de Libertação da Argélia, que foi presa, torturada e quase executada em sua luta contra a ocupação francesa.

Quando chegou a minha vez, cinco anos mais tarde, meu pai retornou a questões de ancestralidade, mas agora seus próprios ancestrais, seu tio Saïd Salmasi, um revolucionário iraniano a quem se credita a fundação da primeira escola moderna no Irã. Em 1907, quase três décadas antes de meu pai nascer, Saïd Salmasi foi morto lutando contra o Xá na fracassada primeira Revolução Iraniana. Que poderoso antídoto ele deve ter sido para o pai do meu pai, um empresário que perdera sua fortuna alguns anos antes. Na época em que meu pai nasceu, em 1934, ele estava empobrecido e desempregado. Já tinha 53 anos de idade. E que poderoso antídoto Salmasi deve ter sido para a mãe de meu pai, que estava cega, ou quase cega, e tão desvalida quanto seu marido entrado nos anos. Eles foram pais apolíticos. Meu pai me contou. Sem poder e apolíticos, capazes de esperar passar a Primeira Guerra Mundial e a ocupação do Irã sem protestos e sem queixas. Meu pai, no entanto, descreveu para mim como, ainda um menininho de 7 anos, subia um morro depois da escola e ficava observando as longas fileiras de veículos soviéticos roncando incessante e desinteressadamente, um depois do outro, até ele ficar tão excitado que começava a catar pedregulhos e atirar nos caminhões, ping, ping, ping. Dia após dia, ele cumpria esse ritual até que uma vez uma pedrinha quebrou um para-brisas e o tráfego parou. O menininho foi preso pelos soldados e levado às autoridades locais, que por sua vez conduziram-no à casa, onde ele foi instruído com seus pais a não se envolver com as manobras até o fim da guerra, esperando que outros decidissem o que deveria acontecer.

Saïd Salmasi certamente teria agido de alguma maneira durante a Segunda Guerra. E teria feito algo naquela noite de 1953, quando os tanques do Xá passaram em frente à casa do meu pai e tudo que ele pôde fazer foi correr para dentro. E ele teria feito algo também em 1979, quando a revolução na qual tinha sido morto setenta anos antes retornou com toda a fúria.

Meu pai telefonou na véspera de sua volta para o Irã. Eu estava na cama com as luzes apagadas quando o telefone tocou. Nosso telefone nunca tocava, e o som me assustou tirando-me dos primeiros estágios do sono. Pela porta do quarto, eu ouvi minha mãe responder, e por sua voz soube imediatamente que, do outro lado, era meu pai. Uma voz confiante com um toque ligeiro, o tipo de voz que se usa numa entrevista de emprego para impressionar um potencial patrão. Em nenhuma outra ocasião eu ouvi aquela voz.

— Os trabalhadores e camponeses do Irã estão lutando há um século — disse ela com pose.

E aí a resposta do meu pai.

— A bota do imperialismo — disse minha mãe.

A resposta do meu pai.

A resposta dela.

Tentei ouvi-la mencionar meu nome e meu recente aniversário de 10 anos, mas não foi feita qualquer menção. Também não houve menção a meu irmão e minha irmã. Os dois conseguiriam se virar. Eles ainda eram adolescentes, mas já sólidos e sadios militantes do partido. Futuros líderes. Não precisavam mais de um pai.

E eles finalizaram a conversa, meus pais. Minha mãe disse adeus. Havia algo de cordato no seu adeus. Não foi um adeus que implicava separação permanente. Foi um adeus de até breve, a gente se vê por aí. E ela desligou o telefone. Clique.

E soluçou. Imensos soluços. Shakespearianos. Seus uivos abalaram nosso pequenino apartamento e os outros apartamentos pequeninos do prédio. Eles me abalaram na cama, eu deitado ali no escuro, fingindo dormir.

Pela manhã, eu me fiz de tonto quando ela me deu a notícia. Nossos rostos não traíram qualquer informação. Era janeiro e uma friagem profunda baixara sobre Pittsburgh, mas fui para a rua de qualquer maneira Fiquei jogando uma bola de tênis contra um muro na área atrás do prédio, imaginando que era verão, que eu era Reggie Jackson jogando a bola, que o muro era o Reggie Jackson batendo na bola. A bola verde quicava alto no ar e caía forte, rolava e parava. Na minha cabeça, cada quicada era a quicada que ganhava o jogo.

Não fazia a menor diferença, é claro, no meu dia a dia e no de minha mãe, se meu pai morava nos Estados Unidos ou no Irã. Da mesma maneira, não fazia diferença para meu irmão e minha irmã o que se passasse com minha mãe. Meus pais haviam conseguido construir um muro intransponível entre as duas facções da família, e a gente só pode imaginar a ginástica necessária para evitar companheiros de uma pequena organização fundada na ideia de fraternidade universal.

Depois que meu pai foi embora, minha mãe deu para, à noite, tirar o telefone do gancho. Foi o jeito dela de dizer: "Você ainda é meu marido, mas nunca mais vai voltar. Agora eu sei. E aceito isso tirando o telefone do gancho. Somos agora, de ambos os lados, inalcançáveis." O aparelho não podia ser desligado da parede, nem o som da chamada desligado, por isso, depois de me dar um beijo de boa-noite, ela simplesmente colocava o fone no chão. No escuro, o sinal de discagem berrava como um estranho animal, seu bipe longo e firme enchendo o apartamento silencioso. Eu ouvia aquilo e mirava o escuro. Depois que um bom tempo passava, surgia uma voz masculina, agradável mas urgente, como um mensageiro que traz notícias potencialmente perturbadoras.

"O telefone foi deixado fora do gancho. Se você quer fazer uma ligação, desligue e tente de novo."

Havia algo de constrangedor nessa gravação assumindo que o fone só poderia ter ficado fora do gancho por uma distração. *Basta eu avisá-lo dessa distração e a situação será imediatamente corrigida.* O homem repetia três vezes — "O telefone foi deixado fora do gancho..." — e três vezes minha mãe o ignorava. Depois de sua terceira tentativa, ele desistia e deixava um bipe agudo e alto no lugar. Apesar de conhecer o padrão, o som, incessante e levemente químico, como se alertasse para um incêndio, sempre me chocava. Meu coração batia no seu ritmo. Fogo. Fogo. Fogo. Aquilo não parava, ameaçando continuar sem pausa até de manhã. Será que minha mãe tinha desenvolvido algum tipo de imunidade, e era só eu que ouvia aquilo?

Mas o som parava abruptamente, tão abruptamente que continuava rondando em minha mente. Afinal o silêncio chegava, se espalhava, permanente silêncio. Era como se o fone tivesse ficado exausto de tentar ser colocado de volta no lugar.

Minha mãe e eu ficávamos a sós. Como se flutuássemos numa balsa no oceano. Era noite, e as ondas gentilmente nos jogavam de um lado a outro, para cima e para baixo, e tudo que podíamos querer era que a balsa não fizesse um vazamento ou que não entrasse água na embarcação. Não havia quem quer que fosse no mundo que poderia nos salvar. O silêncio negro nos cobria, um silêncio tão abrangente que eu me via querendo de volta o grito duro e irritante do telefone. Eu então deslizava sono adentro com Che pairando sobre mim.

15.

ENCONTRO COM A Karen em frente à biblioteca pública da Quinta Avenida. Ela foi lá no intervalo para almoço a fim de pegar um livro intitulado *Faça o que você ama: o dinheiro virá; descubra a maneira certa de ganhar a vida*. Um arco-íris gigante na capa. Ficamos na rua por um tempo enquanto ela me conta como sempre quis ser uma artista, desde criancinha, quando seu pai a levava para fazer compras na loja de materiais artísticos, no fim de semana. Quando chegou a época de ir para a universidade, no entanto, seus pais acharam que ela deveria ter uma formação mais "prática"; então, em vez de ir para a Escola de Artes Visuais de Manhattan, Karen acabou numa faculdade humanística de Connecticut, onde tirou um diploma em Arte combinado com outro em Marketing.

— Agora, olhe para mim — diz ela. — Sou uma gerente de projetos para Martha Stewart.

Digo a ela que sei como se sente porque também sonho um dia poder fazer o que amo e o dinheiro entrar em seguida. E aí, porque aconteceu de nos encontrarmos em frente a uma biblioteca, descrevo como, quando eu era garoto, minha mãe me mandava devolver livros atrasados sem pagar a multa.

Ela ri. E para.

— Que história estranha.

Todos os dias, enquanto pedalo minha bicicleta até o escritório, eu me prometo não adiar mais e convidar Karen para sair. E todas as noites, enquanto pedalo de volta para casa, lamento minha falta de coragem. Algumas vezes, racionalizo que, provavelmente, ela dirá não, e tudo que vou conseguir é um ambiente ruim entre nós no trabalho, para sempre. Mas, no dia seguinte, a gente tem uma conversa legal, amiga, sobre algum assunto, como o que fazer para encontrar um bom apartamento em Nova York, e antes de se dar conta já passou uma hora. Ou acontece de eu girar minha cadeira para pegar algum objeto e capturá-la me observando. Quando nossos olhares se cruzam, ela sorri e vira o rosto. *Convide agora*! Mas não convido. Não consigo. E mais uma vez, a caminho de casa, eu me recrimino.

Na sétima série, havia uma menina bonita na minha turma que eu sempre pegava me observando, quando eu levantava os olhos da carteira. Eu gostava de seu olhar, mas também ficava confuso. Não podia acreditar que ela me achasse bonito, que quem quer que fosse me achasse bonito. E depois de um mês de seus sorrisos e seus rubores de vergonha, ela voltou sua atenção para um bonitão de nossa turma. O que fez todo o sentido para mim.

Esta manhã não é apenas a presença de Karen à beira da minha mesa que me está causando o já costumeiro tumulto mental, mas também o assunto que ela escolheu para conversar: a greve no Museu de Arte Moderna (o MoMA), onde já trabalhou. Na noite anterior, ela me conta, Karen foi fazer piquete com antigos colegas em frente ao museu, onde gritou com toda sua garganta: "Arte moderna! Salário antigo!" Ou ainda: "Lowry, Lowry, qual é o seu salário?" Uma referência a Glenn Lowry, o diretor do museu, cujo salário, é claro, é incomensuravelmente mais alto do que o de secretárias, bibliotecárias e funcionários da cafeteria, que estão em greve há três meses.

— Eu nunca grito — ela diz, rindo. — Foi catártico.

Não consigo entrar no seu bom humor. Enquanto ela fala, minha mente busca algo para dizer que a conduzirá da sua experiência na noite anterior a uma compreensão mais ampla do socialismo. Ou algo por aí. Não tenho muito certeza o quê. Há, porém, sempre algo a se dizer, a se fazer, algo que cutucará as massas no sentido da consciência de classe. *O Militante* traz sempre uns verbos do tipo "argumentamos", ou "explicamos", ou "discutimos", quando descreve as conversas com os trabalhadores. E ao final do artigo, os trabalhadores sempre compram um exemplar do jornal. Ou uma assinatura.

— Bom que você foi — digo eu. — É uma coisa importante que a gente tem que fazer.

Percebo o tom paternalista na minha voz, mas não consigo parar. Só posso torcer para que ela não note. Tenho um sorriso plastificado no rosto, tentando esconder minha condescendência, que por sua vez tenta esconder minha ignorância. É minha ignorância o mais perturbador. Nunca participei de um piquete em minha vida. Nem quero. Ainda assim, acho que deveria ter alguma autoridade sobre o assunto com relação a Karen. Uma vez, entrei numa discussão aos berros com uma namorada sobre a ocupação da Polônia durante a Segunda Guerra Mundial, embora não soubesse nada sobre o assunto e minha namorada fosse polonesa.

— Não vá! — Karen conta que gritava para os frequentadores que queriam entrar no museu. — Puta que pariu, não entrem lá dentro! — como se estivessem na frente de uma casa mal-assombrada.

Algumas pessoas entravam de qualquer maneira, mas outras davam meia-volta. E quando o faziam, todo mundo aplaudia.

— Os trabalhadores estão planejando se unir a outras lutas? — pergunto.

Ela não sabe.

— Havia algum caráter internacional?

— O quê?

As palavras se embolam em minha garganta, tentando sair todas de uma vez. Palavras como "classe trabalhadora", "classe dominante", "ditadura do proletariado". Me engasgo com elas. Quero mudar de assunto. *O assunto não deve ser mudado!* Quero me esconder embaixo da mesa.

— O representante do sindicato me deu um apito — conta ela, mas, antes que continue com sua história engraçada, eu a interrompo.

— Acho que está na hora de eu retomar meu trabalho.

Ela se surpreende: "Oh!"

Fico aliviado quando ela sai. Depois, fico arrependido. O que ela vai achar de mim agora? As palavras em minha garganta descem finalmente, e fico lembrando como eu observava minha mãe naquelas manhãs de sábado quando ela "discutia" o tópico da semana com algum passante, até se frustrar, menear a cabeça e sorrir, como se dissesse "sinto muito que você seja um tão completo imbecil", e então ir embora. "Alguns trabalhadores não querem se convencer", me dizia.

É meio-dia e estou com fome. A alguns quarteirões, há um restaurante caribenho, e a ideia de ir lá comer algo me alegra. Quando estou saindo, passo por Karen em frente à máquina de xerox. Ela está de costas para mim, segurando uma pilha gigantesca de revistas.

— Vou comer alguma coisa no restaurante caribenho — digo.

— Soa apetitoso — ela diz, sem se voltar. — Até já.

— Eu acabarei tudo quando voltar.

— Tudo bem — ela responde.

— Não vou demorar.

— Tudo bem.

— Você não quer vir comigo?

Ela se vira e me olha. A máquina zune e zune.

— Você quer vir comigo almoçar no caribenho?

— Sim, claro, quero muito.

16.

SEGUNDO *O MILITANTE*, a primeiríssima coisa que meu pai e mais uma dúzia de outros militantes iranianos fizeram depois que o avião deles tocou o solo do aeroporto Mehrabad, em Teerã, na tarde de 22 de janeiro de 1979, foi pegar um táxi e ir para uma coletiva de imprensa no Hotel Intercontinental, onde anunciaram a fundação oficial do *Hezb-e Kargaran-e Sosialist*, o Partido Socialista dos Trabalhadores. Fazia vinte e cinco anos desde que meu pai trocara o Irã pela Universidade de Minnesota. A probabilidade de que a polícia secreta do Xá, a Savak, o jogasse numa sala de tortura no momento em que ele descesse do avião havia impedido sua volta mesmo para uma simples visita. Agora, no entanto, os agentes da Savak estavam sendo caçados, milhões de pessoas marchavam nas ruas, e o Xá fizera as mala para sair "em longas férias".

"Caros companheiros", escreveu Jack Barnes em sua saudação, "a formação do *Hezb-e Kargaran-e Sosialist* — o primeiro partido trotskista em solo iraniano — é um acontecimento histórico e inspirador... Vocês deram um passo grandioso na construção de um partido revolucionário de massas baseado nos princípios de Lenin e Trotski. Somente um partido assim pode levar a luta por um Irã socialista até a sua exitosa conclusão. Viva a revolução iraniana! Viva o *Hezb-e Kargaran-e Sosialist*!"

Meu pai e seus companheiros não perderam tempo. Uma de suas primeiras ações foi ir contra os desejos de Khomeini, que estava justo para chegar de seu exílio em Paris, e convocar a eleição democrática de uma assembleia constituinte por voto secreto. Também começaram a publicar um jornal quinzenal chamado *Kargar* (o *Trabalhador*). Além disso, imprimiram e distribuíram milhares de exemplares de uma *Carta de Direitos para os Operários e Trabalhadores do Irã*, de 14 pontos, que incluía a reivindicação da semana de trabalho de quarenta horas, o fim dos segredos empresariais, plenos direitos e igualdade para as mulheres ("essa grande massa da humanidade") e o confisco da terra de grandes proprietários sem compensação.

"Os capitalistas", dizia o segundo ponto da carta, "proprietários de bens, senhores de terras, diretores de grandes empresas... mantiveram total segredo. Todos os livros e relatórios das transações secretas dos ricos devem ser abertos para que seus roubos sejam conhecidos por todos".

Diante de tal animação e entusiasmo, o empenho de minha mãe não poderia cessar. Nas noites de sexta-feira e domingo, ela continuou a comparecer a reuniões, aparentemente sem se abalar pelo fato de o tema agora ser sempre o Irã. E nos sábados ela acordava de madrugada para vender *O Militante*, embora suas páginas trouxessem não apenas artigos enaltecendo os esforços de seu marido, mas também fotos dele, bonito e sorridente, de terno e gravata.

O que parecera inicialmente uma ruptura final e clara com meu pai, tornou-se um compromisso mais profundo. No café da manhã, ele aparecia a nossa mesa enquanto minha mãe e eu ouvíamos a Rádio Pública Nacional. "Xi", ela me chamava a atenção quando anunciavam o correspondente americano em Teerã. Eu não era esperto bastante para discernir entre boas e más notícias e devia confiar na expressão facial de minha mãe para ter alguma pista. Eu a observava atentamente enquanto ela observava o rádio atentamente, sua cabeça inclinada como se estivesse a ouvir passos atrás da porta.

As notícias eram caóticas, incertas, mas acima de tudo portentosas. Falava-se de fechar as embaixadas americanas; da ascensão de Khomeini; da possibilidade de um embargo de petróleo; de treinamento de soldados americanos para uma possível intervenção.

— Há nuvens escuras no horizonte — disse-nos o secretário de Segurança Nacional, Zbigniew Brzezinski.

— E o que dizer sobre as *shoras* que estão se formando em todo o país? — perguntava minha mãe, referindo-se aos conselhos de trabalhadores que *O Militante* gostava de comparar aos sovietes da Revolução Russa. — São essas as nuvens escuras que lhe metem medo?

Mas sua pergunta ficava sem resposta, o rádio logo mudava de assunto, para algo mais alegre. Quando fazia isso, meu pai saía de cena, e nós dois que permanecíamos à mesa podíamos finalmente passar ao café da manhã.

À noite, depois que acabávamos de jantar e os pratos tinham sido tirados da mesa, sentávamos juntos e assistíamos a Walter Cronkite na *CBS Evening News* enquanto ele nos punha a par de tudo que transpirara naquele dia, no Irã. A voz de Cronkite, firme e cordial, a voz de um avô, se sobrepunha com grosseria às imagens de violência e tumulto, tanques na rua, homens escuros com barbas escuras entoando uma língua estranha. Meu pai estava em algum lugar entre aqueles homens.

— O que dizer de vinte e cinco anos de imperialismo norte-americano? — minha mãe perguntava. — Você não quer falar disso, não é mesmo?

— E assim são as coisas — Cronkite respondia, encerrando como sempre com sua assinatura pessoal. — Segunda-feira, 12 de fevereiro de 1979.

Minha mãe desligava a televisão. Depois disso, eu me sentava à mesa do meu quarto para terminar meu dever de casa e ir para a cama. Minha mãe debruçando-se sobre mim para me beijar a testa, desejando-me doces sonhos, apagando a luz e fechando a porta do quarto. No escuro, eu ficava esperando ouvir aquela familiar voz de homem que enchia o apartamento. "O telefone foi deixado fora do gancho. Se você quer fazer uma ligação..."

A presença de meu pai em nossas vidas não se limitava à política internacional, ele encontrava outras maneiras de se imiscuir.

— Você sabe, seus olhos são iguais aos dele — me disse um dia minha mãe.

No espelho do banheiro, eu olhava meus olhos. Eram castanhos. Minha mãe tinha olhos castanhos. Por que meus olhos não eram iguais aos de minha mãe? Sempre pensei que a única herança que recebera de meu pai fossem meus impronunciáveis primeiro e último nomes. Tudo mais eu concedera a meu irmão e minha irmã havia muito tempo.

Uma semana se passou.

— Você sabe, seu cabelo é como o dele — dizia ela.

— É?

— Castanho e ondulado.

E um pouco mais tarde, de pé na cozinha:

— Suas mãos são iguaizinhas. Exatamente assim. Exatamente como você segura o copo.

— Suas sobrancelhas são como as dele.

— Seus cílios são como os dele.

Será que tudo pertencia a meu pai? Sim, minha mãe estava dizendo que sim. Pegue tudo. Você não há de querer se parecer comigo. Eu sou feia, mas ele é bonito.

— Seus dentes são como os dele. Ele tinha dentes brancos e fortes. Dá para quebrar nozes com dentes como os dele.

— Suas unhas são como as dele.

E uma vez, inexplicavelmente, pronunciada como em um sonho no qual eu estivesse caminhando por densa fumaça onírica:

— Você tem um anel castanho em volta do pênis como ele tinha?

— Não sei — disse eu. — Não, acho que não.

17.

Eu não tinha amigos no bairro. Nós nos mudamos tantas vezes que perdi aquela capacidade de romper o muro infantil da timidez. Mesmo dois anos depois de nossa vinda ao que seria o último bairro em que minha mãe e eu viveríamos juntos, eu ainda me sentia um recém-chegado. Era um bairro bonitinho, mais bonitinho do que qualquer outro em que já tivéssemos morado, com árvores e parquinhos, um sinal de que minha mãe tinha conseguido um aumento, ou simplesmente ficara exausta da desolação sem fim.

Virando a esquina do meu prédio, havia um amplo playground de concreto, da largura de um quarteirão, que eu sempre via — sempre ao passar — cheio de garotos da minha idade. Em parte, era um espaço para exercícios de ginástica, em parte quadra de basquete, em parte quadra de beisebol, tudo rodeado por uma alta cerca de correntes, que, no verão, ficava coberta de hera.

— Por que você não vai brincar com os outros meninos no play? — encorajava minha mãe. — Um dia tão lindo hoje.

Mas eu nunca ia.

Os únicos amigos que eu tinha eram da escola fundamental, a quilômetros de distância. Minha mãe tinha solicitado minha matrícula logo que nos mudamos para Pittsburgh, porque a escola era considerada excelente e um paradigma de integração. Situada na margem leste da cidade, no centro de uma comunidade negra e pobre, seria composta exclusivamente de alunos negros se não fosse pelo sistema de transporte de ônibus de crianças brancas moradoras de bairros mais distantes, mais ricos. Eu era branco e, por isso, fui aceito.

No começo, a viagem de ônibus foi uma tortura para mim. Uma história de voltas e curvas de uma hora de duração que me fez vomitar em várias ocasiões e ter que ir para a enfermaria. Há uma certa ironia no fato de a primeira manifestação de que me lembro em minha vida ter sido abaixo a segregação no transporte. Foi em Boston, apenas algumas semanas depois de um grupo de uns mil brancos terem cercado uma escola ginasial entoando "Linchem os crioulos". Saímos de Nova York para lá com os companheiros, chegando, foi o que me pareceu, no coração da noite. Era também o coração do inverno, e eu não estava vestido para aquele frio. No meio da passeata, minha mãe não teve opção e me deixou dentro da cabine de um caminhão enquanto ela seguia em frente. Tenho uma única imagem de mim mesmo sentado ao lado de um companheiro desconhecido, olhando para meus pés de menino de 5 anos, cheios de bolhas, incapaz de fazer a correlação entre o frio e a dor.

Em Pittsburgh, eu era o menino que mais longe morava da escola e, portanto, o primeiro a ser apanhado pela manhã e o último a ser deixado em casa, à tarde. Para mim, era difícil desconsiderar o fato de que, a apenas um quarteirão do meu apartamento, havia uma escola primária que eu poderia alcançar em trinta segundos. Eu entrava no ônibus antes até da monitora, uma negra gordinha, divertida, sardenta, a única pessoa negra no ônibus, e cujo voto eu uma vez tentei ganhar para o candidato a prefeito do Partido Socialista dos Trabalhadores. "Ah, benzinho, ele não vai vencer", ela respondeu. Passavam pelo menos quinze minutos em que éramos somente eu e o motorista naquele ônibus, em aborrecido silêncio, saindo de meu bairro desconhecido ou voltando para meu bairro desconhecido. Eu gastava o tempo olhando sem ver as mãos do motorista enquanto ele girava o volante enorme como se estivesse navegando um barco no oceano.

As primeiras crianças a serem apanhadas depois de mim eram um irmão e uma irmã que eu detestava. Não tinha nada a ver com o fato de terem a aparência ainda mais pobre e descuidada do que a minha, principalmente a menina, da minha idade, e cujos joelhos e cotovelos pareciam sempre sujos. Seu cabelo era louro, e ela usava óculos grossos. As outras crianças, eu inclusive, implicavam com ela sem nenhuma consequência aparente. Em vez de se mostrar triste ou humilhada, ela afetava uma atitude superior e pomposa em relação à gente. Uma vez na escola, sem professores à vista, eu a encurralei e, com outros meninos, alternei a vez de bater no braço dela com toda a força. Isso, tampouco, pareceu abalá-la. Mais tarde, quando ela relatou o que eu fizera, neguei tudo, afetando então a minha própria atitude superior e pomposa, suficientemente eficaz para convencer a professora de que era a menina que estava mentindo.

Não demorava muito para crianças mais prósperas começarem a entrar no ônibus, que logo se enchia de sons de conversa e risada, aos quais eu aderia alegremente. Muitas vezes eu me agachava atrás dos assentos com outros meninos para brincar de "luta de lápis", em que dois jogadores com seus lápis alternavam a vez para tentar quebrar o lápis do oponente. O jogo era imensamente popular, mas proibido, tanto na escola como no ônibus. Havia uma história de que uma vez alguém perdera o olho com uma farpa de lápis. Em geral, jogávamos com lápis finos, marrons, anêmicos, sem borracha na ponta, da Escola Pública de Pittsburgh. Recebêramos os lápis de graça e, portanto, não arriscávamos nada.

A escola fora construída poucos anos antes e irradiava grandeza e opulência. O piso era carpetado, as salas de aula, espaçosas, e tudo parecia muito limpo, bem-iluminado, perfeitamente no lugar. Eu achava que todo mundo naquela escola era rico. Até as crianças negras, que minha mãe dizia serem pobres, me eram ricas. Meu amigo Jesse era negro e não tinha pai e morava virando a esquina, numa habitação popular, mas sua mãe tinha carro e, visto da janela do ônibus, seu prédio era bastante legal. "Só é legal do lado de fora", dizia minha mãe. Mesmo assim, eu não conseguia ter pena dele. Eu o achava o mais bonito dos meus colegas, com sua lisa pele negra e ombros largos. Era também o mais forte. Quando estávamos na terceira série, eu o vi levantar um garoto mais velho muito agressivo e jogá-lo no chão. Era um mestre tanto na luta de lápis quanto na corrida com bola, e na hora do almoço ele abria seu pacote plástico com talheres esmurrando-o na mesa da cafeteria de maneira que a faca cortasse perfeitamente o lacre. Eu o admirava a tal ponto que uma vez, durante uma hora de atividade livre, ele me convenceu a ajudá-lo a apanhar pedaços de papel no chão da sala de aula. Junto, engatinhamos embaixo e em volta das carteiras, até que ficou evidente que a intenção ali não era limpar a sala, mas olhar as saias das meninas. Um serviço para a comunidade se transformara em uma violação da comunidade. Não obstante, me fascinava ver que ele só se interessava pelas calcinhas das meninas negras, enquanto eu tinha interesse em umas e outras, até nas calcinhas da garota que havia apanhado de mim. Quando chegou a hora de sentar em círculo e ler alto, eu não conseguia cruzar o olhar com ninguém.

Ele só foi me visitar uma vez. Foi possível em um sábado à tarde, porque a mãe dele se dispôs a dirigir até lá em casa.

Passamos o dia jogando futebol na área dos fundos, e ele ganhou todos os jogos. Depois, jogamos beisebol com uma bola de tênis, e ele conseguiu atirar a bola no telhado. De almoço, minha mãe serviu tangerinas e sanduíches de queijo. Jesse comeu grandes quantidades e pediu mais. Tive medo que minha mãe negasse. Ela lhe fez perguntas sobre a escola e suas matérias favoritas e sobre o quê ele gostaria de ser quando crescesse: "Jogador de futebol." Mais tarde, fomos para meu quarto e escolhemos dois lápis para brincar de luta.

Naquela noite, quando a mãe dele chegou para levá-lo de volta a casa, ela esperou na porta do apartamento, mas não entrou. Estava vestindo calça comprida e usava cabelo comprido. Havia glamour em torno dela.

— Vocês se divertiram, meninos?

— Divertimos.

Observei-a enquanto ela ficou esperando na entrada, avaliando o ambiente. Eu vi o que ela viu: minha mãe sorridente, com cabelo curto começando a ficar grisalho e calças folgadas; meias penduradas no braço da poltrona; o sofá-cama com uma pilha de papéis; a infeliz porta do closet, escancarada, com um milhão de *Militantes* se espalhando pelo corredor. Eu já estava preparado para ela exclamar: "O que é isso?" A seus pés, como uma folha que tivesse voado e aconteceu de pousar ali, o último número. Ela olhou para baixo: POR QUE OS OPERÁRIOS PRECISAM JÁ DE UM PARTIDO TRABALHISTA?

— Vocês arrumaram a bagunça, meninos?

Não poderia haver dúvidas de que meus amigos brancos da escola fossem ricos. O pai de Tab era um médico que uma vez visitou nossa turma para conversar com a gente sobre como se preparar para ser médico. Não sabia o que a mãe dele fazia para ganhar a vida, mas ela estava sempre em casa quando eu ia brincar lá. Para chegar à casa dele, eu tinha que pegar um outro ônibus da escola, que passava por bairros diferentes. Em geral, eu ia nas sextas-feiras depois da aula, com minha escova de dentes e uma muda de roupas para passar a noite. Nem de longe, a casa dele era tão grande ou resplandecente quanto a do meu tio, mas ainda assim eu a considerava espetacular. Quartos abriam para outros quartos que abriam para um terraço que dava para o quintal. O jantar podia perfeitamente ser frango com purê de batatas e molho e uma bola de sorvete. Eu comia em um prato que combinava com os outros pratos, sentando numa cadeira que combinava com a mesa. "E a escola, como foi hoje?", perguntava o pai-médico. No porão, havia uma mesa de hóquei inflável, e uma vez, no meio da noite, saímos do seu quarto na ponta dos pés para brincar lá. O ar frio da mesa soprava no meu rosto enquanto jogávamos o disco plástico para lá e para cá. "Já para a cama!", gritou o pai.

Tab ficou meu amigo assim que cheguei de Nova York, no meio da segunda série. Isso, apesar de eu ter passado um mês inteiro espertamente perguntando a ele: "Quanto lhe devo, Tab?" Ele tinha uma cabeça retangular e manchas no rosto e havia lido, ou estava lendo, todos os volumes da série *Hardy Boys* escritos até então. Por causa disso, eu o considerava supremamente inteligente.

A primeira vez que Tab me visitou, eu me vi terrivelmente consciente de que a corrida de ônibus até meu bairro, à qual já me habituara bastante era longa de maneira até cruel. Até enquanto brincávamos e ríamos com as outras crianças, tive medo de que a qualquer momento ele se levantasse e pedisse para saltar. Quando chegamos ao meu prédio, fiz uma piada passando reto, como se minha casa fosse mais adiante.

160

"Brincadeirinha." Depois de atravessar a porta da frente, fui imediatamente assolado pela mesma depressão que eu sentia depois de visitar a casa do meu tio. Com a diferença que ali havia uma testemunha comigo. Vi como o vestíbulo era obviamente malcuidado e como as caixas de correio foram todas quebradas, de maneira que as portas ficavam penduradas, soltas das dobradiças. Nomes de antigos inquilinos haviam sido escritos diretamente no metal, depois rabiscados e substituídos por outros nomes, depois também rabiscados e substituídos. E assim para sempre. Minha mãe, porém, pusera uma etiqueta branca e limpa na nossa caixa, que dizia claramente: *Apt 4 Harris/Sayrafizadeh*, como se fossem colegas que morassem ali, ou namorados, ou um casal em que a mulher decidiu manter o nome de solteira.

Subi à frente de Tab os dois andares de escada até o apartamento e passei a chave. Chegáramos uma hora e meia antes de minha mãe voltar do trabalho, e o lugar arranhava de tanto silêncio. "Você tem que tirar os sapatos", disse eu, e isso também me envergonhou: uma proibição antes mesmo de ele entrar. Eu tinha consciência da pequenez do apartamento, da fragilidade, como se o chão pudesse quebrar se pisássemos os dois ao mesmo tempo. Quando ele perguntou onde era o banheiro, fiz outra piada respondendo que era preciso passar pelo meu quarto, descer ao vestíbulo e subir as escadas. É claro que não havia vestíbulo ou escadas. Na cozinha, servi a ele um prato de bolachas e um copo de leite. Quando ele acabou, servi mais sem perguntar, para dar uma ideia de abundância.

No jantar, fiquei zangado quando vi a comida sem graça que minha mãe preparara. Ervilhas, cenouras, arroz, abóbora. Minha mãe salpicara a abóbora com açúcar mascavo, e por isso eu sabia que ela acreditava ter feito um prato especial. Tab comeu só o açúcar. "Você deveria comer o resto", disse minha mãe. Tab não entendeu. Ela mostrou a ele, debruçando-se sobre seu ombro e mexendo na abóbora amarela.

Conversamos sobre a escola e nossas aulas preferidas e sobre o que gostaríamos de ser quando crescêssemos.

— Quero ser ator — eu disse.

— Quero ser detetive — disse Tab.

— Entendi — reagiu minha mãe. Ela não aprovou.

De sobremesa, ela nos serviu potes de Jell-O.

— Tem creme batido?

— Não.

Senti alívio quando acabou o jantar, e podíamos ir para meu quarto e fechar a porta. No chão, brincamos de Scrabble. No meio do jogo, minha mãe abriu a porta e entrou para alcançar o banheiro. Ela parou e examinou o tabuleiro com interesse.

— Que ótimas palavras! — ela disse com alegria. Depois, entrou no banheiro, de onde podíamos ouvir o xixi pingando, a descarga, a água da torneira correndo.

Eu não sabia como os pais do meu amigo Victor ganhavam a vida, mas a casa dele era tão grande quanto a de Tab. Na verdade, não era nem muito longe. Ele era um menino alto, com cabelo castanho e espesso, sempre caindo sobre seus olhos, como um sheepdog. Quando falava, às vezes a saliva se acumulava nos cantos da boca, de maneira que, quando ele não estava tirando o cabelo do rosto, estava limpando a saliva dos lábios. Uma vez, depois da escola, a mãe dele nos ensinou a fazer tortas usando pratos de papel e o creme de barbear do pai, que depois levamos para o pátio, e lambuzamos um a cara do outro. Aquilo para mim foi espetacular, o máximo da ilegalidade e bagunça, e assim passei a ter sua mãe em alta estima. No seu aniversário de 10 anos, fomos patinar com um grupo de amigos. Na entrada do rinque, o pai de Victor deu a ele uma nota de 20 dólares e disse que voltaria em duas horas. "Quero ver algum trocado desses vinte", disse a Victor. Passamos o dia comendo pizza e jogando videogame até o dinheiro chegar a menos de dois dólares, quando então tivemos que parar.

Eu sempre ficava, é claro, tomado de constrangimento e ansiedade toda vez que Victor ia me visitar no apartamento. E assim aconteceu que, numa tarde de domingo, enquanto comíamos sanduíches de queijo muito sem graça com minha mãe, Victor olhou o quadro de recados sobre a mesa da cozinha e perguntou: "Quem é?"

O quadro de recados estava completamente cravado, como sempre, com os últimos recortes e panfletos anunciando a próxima manifestação e a próxima reunião. Por muitos anos, no entanto, um recorte do *New York Times* de Fidel Castro ficara ali como uma atração permanente, sua barba cheia, seu duro uniforme militar, seu dedo investindo contra o ar. Acompanhei a imagem amarelando com o tempo, se enrugando, enquanto centenas de refeições eram feitas sob ela, e depois outras mil. Era para Fidel que Victor estava apontando.

— Esse é Fidel Castro — respondeu minha mãe.

— Quem é? — Victor perguntou.

— É o líder de Cuba.

— Por que você tem uma fotografia dele?

— Ele é um revolucionário.

— O que ele fez?

— Lutou pelo comunismo.

— O comunismo é ruim.

— Não é, não.

— É, sim.

— O capitalismo é que é ruim.

— Não é. As pessoas ficam ricas.

— Isso é o que querem que você pense.

— Quem quer que eu pense isso?

E por aí foi. Nenhum dos dois cedia. Minha mãe assumiu um tom paciente, condescendente, que eu conhecia bem. "E como os patrões ganham o dinheiro deles?", ela perguntou a Victor, como se tivesse o dia inteiro para levá-lo ao caminho da verdade. "E o que você me diz do direito dos trabalhadores de se organizarem?" Por dentro, eu sabia que ela estava fervendo. Cheia de tristeza não somente com Victor, mas comigo, por meu pouco tino de escolher um amigo como Victor. "Os pais dele são de direita?", ela me perguntou mais tarde.

E Victor ria como se tudo fosse muito divertido, como se ele não acreditasse ter encontrado de verdade gente que achava que o comunismo era legal. Só percebi que ele estava nervoso depois de observá-lo usando obsessivamente a ponta da manga de sua camisa para empurrar uma pequena pilha de migalhas de seu sanduíche de queijo. E minha mãe, considerando que esse gesto era pouco higiênico e irritante, pedia-lhe repetidamente que parasse. Mas logo depois de dar uma parada, Victor começava de novo com aquilo, de maneira que o debate sobre o comunismo e o capitalismo foi muitas vezes interrompido pela voz de repreensão de minha mãe dizendo: "Por favor, Victor. Por favor, não empurre as migalhas com sua manga."

Não muito depois dessa ocasião, peguei o ônibus da escola com Victor para passar a noite na casa dele. Seus pais tinham visitas e, quando chegou a hora do jantar, a mesa estava cheia de conversa de adultos. Um grande prato de frango com purê de batata me foi servido e mergulhei nele. "Como foi a escola hoje?", a mãe dele perguntou. "O que vocês leram?" "O que disse o professor?" No meio do meu jantar, vi o pai de Victor olhando para mim inquisitivamente, e sem qualquer aviso ele perguntou: "Então Saïd, qual a sua opinião sobre o que está acontecendo lá pelo Irã?"

A mesa caiu em silêncio. Baixei meu garfo e peguei-o de novo. Era a primeira vez que eu me via na presença de alguém de fora do Partido Socialista dos Trabalhadores que mencionasse o Irã. A pergunta tinha sido feita com genuína curiosidade, mas eu não acreditava naquela curiosidade. Eu tinha certeza de que havia um sentido oculto na frase deselegante "lá pelo Irã". Rapidamente, mastiguei e engoli o que tinha na boca e, sem pensar, proferi alto para todo mundo na mesa, como um homem de pé em um palanque: "EU APOIO A LUTA DOS TRABALHADORES E CAMPONESES IRANIANOS CONTRA O IMPERIALISMO DOS ESTADOS UNIDOS."

As palavras saíram como um jorro, reflexas e sem edição. Tive orgulho de minhas palavras. E depois fiquei mortificado. O que eu tinha acabado de dizer? Houve um intervalo constrangedor quando o pai de Victor olhou para mim com curiosidade do outro lado da grande mesa, um sorriso nos lábios. Os convidados olharam para mim com interesse. Assim como Victor. Passou pelos meus olhos uma breve imagem em que eu me levantava da cadeira e saía correndo da casa. Foi seguida de outra imagem de mim mesmo jogando meu prato no chão.

Esperei a resposta do pai de Victor, mas ele disse simplesmente: "Bem, eu apenas espero que o pessoal lá encontre um caminho."

18.

MINHA FORMATURA DE ensino fundamental foi naquele ano.
Para a cerimônia, vesti um suéter de gola rolê e calças de veludo
que minha mãe comprara na semana anterior, na Sears. Todo
mundo estava de terno.

— Cadê seu terno? — perguntou um menino negro chamado Robert.

— Não estava com vontade de vestir terno hoje — respondi.

Na quadra do ginásio, cantamos juntos "Somewhere over
the Rainbow". Cantei com a mais alta voz e muito sentimento,
imaginando-me um ator no palco sendo admirado pela plateia.

"Tenho uma coisa para você", disse minha mãe, uma certa
manhã, enquanto se preparava para ir trabalhar. Eu estava
deitado no meio do chão da sala, obcecado com a arruma-
ção alfabética da minha coleção de selos, e olhei para cima
vendo minha mãe abrir a mochila e retirar dela um pequeno
envelope branco.

O envelope era para mim, mas não estava endereçado. Aparentemente, tinha sido passado por minha irmã a companheiros viajando de Nova York para Pittsburgh, que o repassaram
na reunião da noite anterior para minha mãe, que, por sua vez
estava repassando-o para mim. Antes mesmo de eu saber seu
conteúdo, o envelope já tinha o peso de uma lenda. Peguei-o
cuidadosamente com ambas as mãos.

— Chego em casa às cinco e meia — disse minha mãe e fechou a porta.

Fui para meu quarto e sentei na beira da cama. O envelope já estava aberto. Teria o conteúdo sido lido por alguém em trânsito? Dentro, havia um pedaço de folha de caderno, que eu tirei e desdobrei. O papel havia sido perfeitamente rasgado, na precisa metade, e nele, escrita com caneta verde, em estranha caligrafia misturando letras cursivas e de forma, e exibindo as linhas da página, uma carta do meu pai datada de um mês antes, 23 de julho, sem o ano.

Querido Saïd. Ele começava dizendo que um companheiro lhe contara que eu havia vendido o maior número de *Militantes* numa determinada manifestação. Disse que foi maravilhoso saber disso. Disse ainda que recebera de Martha cartas e fotografias, que estava orgulhoso de mim e que esperava que eu não acreditasse no que ouvia sobre o Irã pela televisão. O Irã estava em plena revolução, e de fato meu nome era uma homenagem a um tio-avô que lutara e morrera numa primeira revolução setenta anos antes. Jovens estavam agora viajando pelo país para ensinar outros jovens a ler e escrever, porque o Xá nunca construíra escolas para eles. E terminava dizendo que me desejava um bom verão e que gostaria de ter notícias sobre o que eu iria fazer.

Quando terminei de ler, redobrei cuidadosamente o pedaço de papel e o pus de volta no envelope. Depois, pus o envelope na gaveta da cômoda, sob uma pilha de meias. Depois disso, voltei para a sala e estava para me sentar com minha coleção de selos quando fui interrompido pela ideia de que minha mãe estava esperando que o envelope lhe fosse devolvido. Então retornei ao quarto, recuperei-o da cômoda, voltei para a sala e o pus na beira da cama dela. O sol jorrava da janela e me lembrei que era verão e que eu estava dentro de casa, quando deveria estar fora. Calcei os sapatos e saí para o calor da rua, determinado a fazer algo. A dois quarteirões de distância, havia uma área comercial com restaurantes e butiques alinhados nas duas calçadas, e andei ao longo da rua acompanhando os compradores, fingindo também estar fazendo compras, parando aqui e ali observando as várias vitrines com amostras de cintos e gravatas brilhando com cores vibrantes, como se fossem comestíveis. Homens e mulheres com sacolas de compras passavam por mim de um lado e de outro, e na minha cabeça ouvi a voz de minha mãe dizendo: veja só esses ricaços de bunda mole. Senti o impulso de roubar algo, mas, quando cheguei ao fim da rua, dei meia volta e desci por uma rua diferente, essa alinhada com modestas casas de dois andares. O sol estava no topo de seu arco e o calçamento ficara tão quente que eu sentia meus pés afundando nele, grudando como uma mosca no chiclete. Logo, cheguei a uma ponte que, para mim, significava um tipo de limite e voltei pelo mesmo caminho que me levara até lá. No play do meu prédio, vi um grupo de meninos da minha idade jogando futebol americano. "Jogue para mim, Eric!", "Jogue para mim, Michael!" Observei-os jogando a bola para lá e para cá e pensei em me dirigir a eles, em aderir a eles, mas o pensamento tomou o lugar da ação.

De volta à casa, recuperei o envelope, levando-o comigo para o quarto e fechando a porta, embora não houvesse contra o que fechar a porta. Tirei o pedaço de papel e desdobrei-o de novo. *Querido Saïd...*

Eu nunca recebera nada do meu pai, e receber agora uma carta composta num tom tão coloquial, tão familiar — composta não como uma carta apenas, mas uma numa série de cartas — me confundiu. Havia também um júbilo subentendido que parecia contradizer o que eu achava que sabia. Fiquei sem graça por causa de minha confusão. E aí fiquei sem graça de estar sem graça. A confusão atiçava a minha falta de graça. Soma-se a isso meu profundo desapontamento por não poder reivindicar a honra de ter vendido o maior número de *Militantes* de uma certa manifestação. Essa grande realização provavelmente havia sido de meu irmão ou minha irmã, que foram confundidos comigo. Isso me fez pensar que a carta fora composta sob uma premissa falsa, e fiquei perturbado por um sentimento de fraude. Não só eu não vendera o maior número de *Militantes* de uma certa manifestação, como eu nunca vendera *Militante* algum numa manifestação. Eu era pequeno demais para vendê-los, mas sabia que deveria vendê-los. Eu *queria* vendê-los. Minha única contribuição financeira até então havia sido ficar de pé numa esquina no meio de uma manifestação em Washington, distrito federal, com uma tábua de sanduíches pendurada no pescoço cheia de botões com dizeres como *Abaixo a violência policial. Vote operários socialistas*, que saíam a 25 centavos cada. Lembro da magnífica sensação de sentir um enorme pote de moedas dentro do bolso, me inclinando para um lado e tilintando conspicuamente a cada passo. "Dinheiro para a revolução", disse-me o companheiro quando as entreguei ao fim do dia, cada uma delas.

Fiquei ainda mais zonzo com a surpreendente revelação de que naquele tempo todo minha mãe mandara notícias minhas para meu pai. Isso tinha sido feito sem meu conhecimento, provavelmente quando eu estava dormindo. Se alguma vez passou pela cabeça de minha mãe que eu deveria participar das comunicações com meu pai a meu respeito, ela nunca me disse. Fossem quais fossem os elementos de minha vida que ela decidiu partilhar com ele, tenho certeza de que a escolha foi feita visando a um retrato em que tudo estava bem e o futuro era brilhante. *Aqui, Saïd de bicicleta. Aqui, Saïd no parque. Saïd está ficando alto.* Quando ela acabava de reunir os pedacinhos, varria-os para dentro de um envelope e o enviava para o Irã. Logo em seguida, meu pai abria o envelope e com os mesmos pedacinhos começava a montar o retrato de seu filho, mais uma vez mostrando que tudo estava bem e o futuro era brilhante. Era por isso que eu tinha a sensação de estar lendo uma carta escrita para outra pessoa, outra pessoa que se parecia vagamente comigo, mas que não era eu.

Determinei-me a ser aquele menino da carta, e peguei um pedaço de papel de um bloco e comecei a compor uma resposta. Na minha cabeça, inventei uma história que regalaria meu pai com aventuras do meu verão. *Hoje eu fiz...! Ontem aconteci...!* Por muitos minutos, fiquei olhando a página em branco, pensando o que iria dizer e como diria. À medida que esmiuçava os detalhes de minha vida, esperando encontrar um lugar de onde me lançar, sentia a identidade daquele menino seguro e confiante escapando de mim, sendo substituída pelo menino que eu era. Eu me vi escrevendo as palavras *Eu vendi o maior número de* Militantes *de uma manifestação*, mas não consegui mentir. Finalmente, decidi que começaria contando simplesmente que em poucas semanas eu estaria entrando para a sexta série em uma nova escola. Mas quando ergui a caneta e escrevi a palavra *Querido*, vi que já estava enfrentando um obstáculo grave e perigoso: eu não tinha ideia de a quem endereçar a carta. Todas as muitas possibilidades pareciam zombar de mim: *Querido Papai. Querido Paizinho. Paizinho. Papai. Papaizinho. Pai.*

A saudação revelava a falácia. *Querido Mahmoud Sayra-fiezadeh.*

170

Meu pai também enfrentara esse dilema, mas o enfrentou no fim da carta, não no início. Resolveu o problema escondendo-o, fechando a carta com a palavra *Carinho* e sob ela — numa caligrafia rápida, indecifrável, serpenteante rabisco —, a única palavra ilegível da carta: *M——*. Ele deve ter começado a escrever seu próprio nome e, vendo o absurdo da coisa, decidiu reduzir as perdas. *Carinho, M——*. Uma assinatura que não ia a lugar algum. Qualquer um, qualquer lugar. Um fantasma.

Nunca respondi a meu pai e, apesar do tom promissor da carta, um tom que apontava para o futuro com otimismo, nunca mais recebi outra carta dele. Nem devolvi a carta a minha mãe como havia pretendido, mas guardei-a comigo, enterrada no fundo da minha gaveta de meias.

19.

MEUS ANOS DE ônibus escolar haviam acabado. Nenhuma vez mais. Minha mãe foi comigo da primeira vez para praticar. Era domingo e fazia sol. Saímos de nosso prédio, subimos o quarteirão e viramos à esquerda.

— É só o que você precisa fazer — disse ela. — Basta virar à esquerda e seguir em frente.

— E se eu me perder?

— Você não vai se perder.

Havia uma pequena mercearia na esquina, e um homem de avental estava colocando maçãs na vitrine. Depois disso, só casas. Casas e jardins. Alguém estava grelhando algo em algum lugar. Eu sentia o cheiro da fumaça. Tudo muito quieto, muito tranquilo. Passamos por uma igreja com umas pessoas de terno reunidas na frente, falando e se abraçando. Depois, viramos uma esquina e demos de cara com uma cerca de aço. Atrás da cerca de aço, um prédio gigantesco marrom e branco, sem janelas, moderno, rodeado de árvores. As árvores lançavam longas sombras. Uma área de estacionamento vazia.

— Aqui está ela — disse minha mãe.

Esgueirei-me facilmente pela cerca e fiquei olhando com as mãos no bolso.

Fora o fato de que minha nova escola era quatro vezes maior do que a antiga, até que elas se pareciam de muitas maneiras. Era nova, carpetada, e o corpo estudantil, quase inteiramente negro. Mais uma vez, a cada manhã, ônibus escolares cheios de crianças brancas paravam em frente à escola, e mais uma vez, ao fim das tardes, partiam. O nome da escola era uma homenagem a Florence Reizenstein, uma militante judia dos direitos civis, de Pittsburgh, que lutara pela integração das escolas públicas. Mas a primeira coisa que nós da sexta série fizemos foi uma batelada de testes de leitura e compreensão matemática, um depois do outro, semanas a fio, entorpecedores em seus detalhes. Isso, explicaram-nos, determinaria nossa aptidão acadêmica. Quando os exames finalmente terminaram e as milhares de respostas foram contabilizadas, os resultados corresponderam claramente a linhas raciais, com a maioria das crianças negras condescendentemente conduzidas às chamadas turmas "regulares". Todos os outros, a maioria branca, se viram no começo de outubro sentados em salas de aula rotuladas de "acadêmicas".

A separação era absoluta. Mesmo nas poucas vezes em que alunos brancos e negros se reuniam — no almoço, nas aulas de ginástica, no treinamento ocupacional/vocacional, — eles mal interagiam. A escola era um luxo, com aparelhos de televisão em cada sala de aula e uma piscina, mas eu não achava que os estudantes negros se beneficiassem dessa riqueza toda. Eles pareciam estar constantemente em conflito com os professores, que os criticavam pelas notas baixas e o mau comportamento. De tempos em tempos, eu via um menino ou menina negros que conhecia do ensino fundamental, e agora eles me pareciam distantes, como se a gente se visse de longe. Medo e ressentimento atacavam muitos dos alunos brancos, e eles em particular contavam histórias, possivelmente apócrifas, sobre garotos que se perderam em partes desertas da escola e foram encurralados e surrados pelos negros. E havia ainda os alertas para que evitasse a piscina, que supostamente tinha ficado "melada".

Eu era considerado um acadêmico. E era um aluno excelente. Atento, respeitoso, participativo. Por exemplo, quando o professor de Ciências nos deu a tarefa de construir uma tabela periódica, fui muito além do que era necessário e, com a ajuda de minha mãe, colei um centavo para o cobre e uma moeda de níquel para o níquel — melhor que isso, só o garoto que usou uma banana plástica para o potássio. Quase imediatamente, fiz amizade com um colega chamado Daniel. E o Daniel ficou amigo do Tab. E nós três sentávamos juntos na sala de aula e no refeitório, comendo em meio ao barulho espetacular de quinhentos outros alunos. Enquanto eu sempre achara que Tab era muito esquisito, com suas verrugas e uma cabeça em formato de caixa, Daniel era bonito. Meio judeu como eu e de cabelo castanho, mas alto, musculoso e, na minha opinião, com um rosto perfeito. Quando ele ia até a frente da sala para apontar o lápis, eu aproveitava a oportunidade para examinar os detalhes de seu corpo: ombros, pernas, os jeans, o jeito de andar e de parar. Todas essas qualidades pareciam flutuar puxadas para baixo pela força da gravidade, em direção a seus pés, que exibiam o que coroava isso tudo: um par de Nikes de couro branco. Na sapataria, eu implorara a minha mãe que me comprasse os mesmos sapatos, mas, sem dinheiro para isso, fui forçado a me contentar com a versão de pano, que encardiu e esfiapou na primeira chuva.

Minhas fantasias eram ser o Daniel, literalmente, seu corpo tomando o lugar do meu. Eu tinha certeza de que as meninas gostavam dele, ou o amavam. Na primeira vez em que me vi sozinho com ele em sua casa, perguntei da maneira mais tortuosa que consegui conceber:

— Se você fosse uma menina, qual o garoto de nossa turma que você acharia mais bonito?

— O que você quer dizer com "se eu fosse uma menina"?

— Você sabe, se você fosse você, mas menina. Quem você acharia o menino mais bonito da turma?

— Eu — ele disse — é claro.

Ao que respondi sinceramente, sinceramente demais: — Eu sei por quê!

Na minha cabeça, Daniel tinha um defeito, um único, que era o seu racismo evidente e descarado. "No ano passado, no Halloween, eu me fantasiei de crioulo", ele me contou um dia enquanto brincávamos no pátio de sua casa, o que me fez corar, gaguejar e mudar de assunto. Em outra ocasião, de brincadeira, ele usou o termo *Gerzenstein*, que ele explicou como uma contração de *crioulo* e *Reinzenstein*. E uma vez ele fingiu uma dor de estômago na aula de ginástica só para evitar a natação na piscina.

Eu passava por cima de tudo isso o melhor que podia. Evitando e ignorando. Nunca rindo, nunca incentivando, mas também nunca tomando uma posição. Depois da escola, eu esperava por ele pacientemente no estacionamento e, quando ele chegava, tomávamos seu ônibus e seguíamos para as colinas de Pittsburgh. No porão da casa dele, assistíamos à televisão, ou jogávamos pingue-pongue, ou rolávamos em um imenso pufe, de um tipo que eu nunca tinha visto antes. Mais tarde, íamos para o pátio, onde outros meninos do bairro se juntavam à gente para jogar futebol americano. Eram os últimos dias de outubro, as folhas estavam mudando de cor e caindo dos galhos e se transformando numa pasta grossa por causa das chuvas e dos tênis dos meninos. Era fresquinho, mas o frio se aproximava, o inverno estava logo ali. Eu logo faria 11 anos.

— Jogue a bola para mim, Daniel! — eu gritava.

E ele jogava a bola, e ela navegava pelo céu do fim de tarde, que escurecia em direção à noite, e vinha vindo e vinha vindo em direção às minhas mãos.

20.

Na manhã de segunda-feira, 5 de novembro de 1979, enquanto minha mãe e eu nos sentávamos à mesa para o café da manhã, uma reportagem especial de Teerã foi anunciada pela Rádio Pública Nacional. "Psi." No dia anterior, um grupo de estudantes universitários havia iniciado uma manifestação contra o Xá, escalado o muro da embaixada dos Estados Unidos e feito um grande grupo de diplomatas como reféns, a maioria deles, americanos.

Fiquei olhando minha mãe, que estava olhando para o rádio. Seu rosto parecia inabalado, quase calmo. Será que eram boas notícias? Eu já tinha aprendido que o que soava como má notícia em geral era bom, e vice-versa. Acho que lembro que a reportagem não terminou na hora de costume, mas continuou, passando de um para outro correspondente, nos Estados Unidos, no Irã e na Grã-Bretanha, cada um acrescentando algo ao conjunto de informações que apenas começava a se revelar.

Chegou a hora de ir para a escola, e em meio a sons e vozes e ao comportamento satisfeito de minha mãe, apanhei minha mochila e meu lanche.

— Ciao, mãe.

Na cafeteria, naquela tarde, enquanto eu me sentava com Daniel e Tab, ouvi um colega comentar com outro: "Você viu o que fizeram no Irã?" O comentário era capenga e desprovido de opinião, mas registrei-o com desagrado. Era a primeira vez que o Irã entrava na escola, e eu não aprovei sua aparição. Senti vontade de bater um punho forte na mesa e derrubar toda a comida.

No caminho de volta para casa, depois da escola, passei por uma máquina automática de venda de jornais. A primeira página tinha uma foto gigantesca de uma americana um pouco acima do peso, os olhos vendados, a boca aberta. Perto dela, resoluta e bem-aprumada, um de seus captores, uma mulher de véu, vestida inteiramente de preto. Por alguns instantes, pensei em forçar a máquina para remover os jornais e jogá-los todos no lixo.

Naquela noite, depois do jantar, sentei com minha mãe diante da televisão para assistir a Walter Cronkite nos contar tudo que transpirara ao longo do dia. As notícias não eram boas. (Ou será que eram boas?) A televisão cortou primeiro para uma sequência de iranianos festejando e dançando feito uns loucos em torno de uma bandeira americana em chamas; depois, para a embaixada dos Estados Unidos ocupada, com um cartaz pendurado que dizia *Khomeini luta, Carter treme*; e depois para o primeiro-ministro iraniano garantindo a todos que ele conseguiria dar um fim rápido ao cerco. Mas, quando despertei na manhã seguinte, o cerco ainda não terminara. Durante o café da manhã, fui saudado por uma reportagem da Rádio Pública Nacional dizendo que o filho de Khomeini havia mandado romper imediatamente todos os laços com os Estados Unidos. Na cafeteria, nenhuma palavra foi dita sobre o Irã, mas no caminho para casa os vespertinos sangravam em fontes colossais: REFÉNS AMERICANOS VEEM A MORTE IRANIANA. O uso de "iraniana" para adjetivar "morte" só aumentou a minha vergonha. Parecia implicar que morte era uma coisa, mas morte *iraniana* era algo muito pior, horrível e inimaginável.

No quarto dia da crise, o governo do primeiro-ministro se dissolveu, com toda a autoridade imediatamente cedida a Khomeini. No quinto dia, descobriu-se que um dos reféns era uma mulher de 22 anos, de Pittsburgh. E uns poucos dias mais tarde, no meu caminho para a escola, observei pela primeira vez uma fita amarela em torno de uma árvore, em frente à casa de alguém, flutuando ao vento gentilmente.

Vai tudo acabar logo, prometi a mim mesmo. Claro que vai. Não pode continuar para sempre.

Mas durante aqueles mesmos minutos em que me vinha esse pensamento, eu também tinha consciência de que *não deveria estar querendo o fim da crise dos reféns*. A tomada da embaixada era um golpe contra o imperialismo, minha mãe me dissera. Estava aprofundando a revolução, galvanizando as massas, encorajando o Terceiro Mundo. Além disso, a verdadeira causa da crise era o presidente Carter, que autorizara o Xá enfermo a entrar nos Estados Unidos para se tratar de um linfoma, um ato de deliberada provocação. Agora havia um remédio simples e claro para o dilema: a devolução do "Hitler do Irã", junto com os 70 bilhões de dólares que ele conseguira contrabandear, para que fosse julgado por seus crimes contra a humanidade. E quanto à quebra da etiqueta diplomática, Trotski já prescindira de visões absolutas da moralidade. Os fins justificam os meios, e na busca da revolução operária, valia tudo.

"As vidas de 62 americanos no Irã", declarou *O Militante*, "são reféns do governo Carter, não do Irã".

Todas as noites, eu me sentava com minha mãe enquanto ela assistia a Walter Cronkite. Aquele era o momento mais afetivo do meu dia, mais aconchegante, só nós dois, trancados contra os elementos. Minha mãe puxava a poltrona para a frente da televisão e eu, em algum momento do programa, me apertava ao lado dela e me inclinava sobre seu corpo. Enquanto o elenco de personagens passava pela tela da TV, eu perguntava a minha mãe: "Bom ou mau?" Carter, Khomeini, Brzezinski.

— Bom ou mau? — eu perguntava. — Ele é bom ou mau?

— Mau — ela respondia.

— E aquele? Aquele ali? Bom ou mau?

— Mau.

Havia uma brincadeira naquilo, era como um jogo. De acordo com minha mãe, quase todo mundo era mau, tanto americanos quanto iranianos. Parecia que éramos todos desvalidos em um mundo sem valor, onde cada um era o lobo. Dificilmente, havia uma pessoa a quem poderíamos chamar de amigo. Os americanos eram capitalistas, e os iranianos queriam ser capitalistas. O que fazia o jogo de pergunta e resposta tão irresistível para mim, o que me fazia continuar perguntando noite após noite em meio ao massacre sem fim de mau, mau, mau, era a excitação física que eu sentia, como um jogador à mesa de pôquer, quando minha mãe respondia finalmente, em referência a uma nova figura que chegava para uma breve aparição — como Arafat, talvez — "bom!".

Bom! Havia o bom então. Era tudo principalmente mau, mas havia também o bom. E aquela pequena dose de bom, aquela gotinha do conta-gotas de bom, bastava para me manter.

Na vez seguinte em que o Irã foi mencionado na escola, não aconteceu no barulhento ar livre do refeitório, mas no silêncio enclausurado da última aula do dia. Era a aula de leitura, ministrada por uma indiana gorducha e sem humor, com um sotaque forte, mau hálito e o improvável nome de dona

Irani. Todo mundo estava trabalhando diligentemente em suas carteiras, tentando em silêncio mapear o enredo de uma história tediosa, quando um colega soltou um "dona Irani, a senhora é do Irã"?

A turma inteira despertou e caiu na risada. Todo mundo ria, inclusive Daniel e Tab. Olhei seus rostos alegres com desalento. Percebia-se uma comédia na perspectiva de que alguém, qualquer pessoa, pudesse realmente vir do Irã. Até a própria palavra perdia ainda mais dignidade pelo fato de ser pronunciada incorretamente, "Airan", que, em inglês, soava como "eu corri", quando o certo era como minha mãe a pronunciava, "Iron". De novo, eu só tinha vontade de esmurrar e gritar, não palavras, mas puro som, um som contestador, mas a pressão pesada de uma turma às gargalhadas tinha um sóbrio efeito. A vontade de esclarecer tudo era substituída pela vontade de deixar tudo para lá. Olhei para baixo na carteira, fingindo estar absorto pela história à minha frente.

Dona Irani não tinha entendido a pergunta. "O que você perguntou?", ela disse, sua confusão combinada com seu sotaque fazendo a classe cair de novo na risada. Dessa vez, mais alta.

— O quê? — ela perguntou mais severamente. — Eu não vou tolerar esse tipo de coisa.

A classe passou a cochichar, e o aluno que primeiro tinha feito a pergunta fingiu um ar de aluno sincero fazendo uma pergunta sincera: "A senhora vem do Irã, dona Irani?" E de novo ninguém conseguiu segurar a risada.

Fiquei me perguntando se alguém na turma sabia que eu era iraniano. Será que Daniel e Tab sabiam? Talvez não soubessem. Talvez eu nunca lhes tivesse dito. Por que eu deveria ter-lhes contado se, para início de conversa, eu mal me considerava iraniano? Agora o grupo étnico era jogado em minha cara. Não havia como fugir. Se o destino tivesse sido outro e minha mãe houvesse batido o pé e dado a mim o nome do tio dela, Julius Klausner (um vendedor de carpetes), eu poderia estar na aula de dona Irani, caindo na gargalhada com os outros alunos, protegido atrás do nome Julius — Julius Harris. "Pare de rir, Julius Harris!", mandaria dona Irani.

Olhei para a história em minha carteira e vi o nome que eu escrevera a lápis no alto do papel entrar horrivelmente em foco.

Saïd Sayrafizadeh.

O nome me retribuiu o olhar com grandes olhos abertos. Não, não faça barulho, pensei. Fique o mais quieto possível. Quando tudo tiver terminado, eu deixo você voltar.

21.

No décimo terceiro dia, Khomeini fez algo surpreendente e ordenou a libertação imediata de 13 reféns, todos negros ou mulheres. Isso foi visto pelos americanos como a negação de qualquer progresso. A manchete do *Pittsburgh Press* dizia com todas as letras: Irã detém os americanos brancos. Quanto ao futuro desses homens brancos, Khomeini afirmou que eles seriam julgados por espionagem em seguida e, se considerados culpados, ele não poderia prometer sua segurança.

Dois dias depois, o presidente Carter mandou uma força tarefa naval para o mar Arábico.

— Você está vendo o que os imperialistas estão fazendo? — perguntou minha mãe.

No dia seguinte, esperei por Daniel na escola e peguei o ônibus com ele como se tudo estivesse normal. Jogamos pingue-pongue no porão até a hora de ir para a área atrás do prédio. Quando apareceram os outros meninos da vizinhança, saí para a beira do gramado, jogando a bola com dureza.

— Saïd! Saïd! — Daniel gritou, e eu me encolhi ao som do meu nome.

No vigésimo dia, noticiou-se que Khomeini estava propondo treinar 20 milhões de iranianos para defender o país em caso de invasão norte-americana. E naquela tarde, o *Pittsburg Press* publicou a foto de um lindo garotinho louro, de uns 5 anos, sentado nos ombros do pai numa manifestação em Nova Jérsei. Numa das mãos, o menino segurava a bandeira americana, acenando-a em um mar de 1 milhão de outras bandeiras iguais; na outra, ele portava 1 rifle de brinquedo. Eu sabia que aquele menino, apesar de ser mais novo do que eu, poderia me superar, me levar ao chão com facilidade. Eu não teria defesa contra aquele garotinho.

Foi em dezembro, em torno do quadragésimo dia, enquanto todo mundo na sala aproveitava o intervalo antes da chegada do professor de História, que Daniel e eu nos aconchegamos sobre minha carteira com um pedaço de papel dobrado em triângulo, fingindo jogar futebol com nossos dedos. A beirada da carteira era a zona final, e quem conseguia, com um peteleco, que o pedacinho de papel ficasse pendurado da superfície da mesa em direção ao abismo teria marcado um gol. Para a frente e para trás, íamos nós, nossos dedos empenhados freneticamente na marcação, a mínima bolinha de futebol quase caindo ou deslizando para o chão. E justamente quando eu estava me debruçando para recuperá-la de baixo da minha carteira, ouvi a pergunta de Daniel:

— O que você acha da crise dos reféns, Saïd?

Levantei-me rapidamente, o que fez o sangue sumir de minha cabeça. Por um segundo, pensei que iria cair. A expressão de Daniel era tranquila e imperturbável. Ele talvez achasse que aquela era uma pergunta qualquer, mais para conversinha do que para inquérito. Certamente, foi formulada com a maior naturalidade.

"Vamos bombardear o Irã", pensei em dizer. Teria sido tão simples. Apenas uma rápida réplica. Estava com as palavras na ponta da língua. "Vamos bombardear o Irã, Daniel. É isso que eu acho. E você?" "Eu acho a mesma coisa, Saïd." E assim terminaríamos nosso jogo de futebol de papel. Mas aquele sentimento que me atacou um ano antes, na mesa de jantar do Victor, com o pai dele, me atacou de novo. Veio à tona o orador. Eu o vi subindo e não consegui pará-lo. Ele entrou em cena, assumiu seu lugar no palco e disse para a plateia: "Eu acho que os reféns são espiões e deveriam ser julgados por seus crimes contra o povo iraniano." E ainda por cima, indulgentemente, falando mais depois que o aplauso terminou, ele acrescentou: "Quem procura acha." *Estou brincando, Daniel. Ha-ha.* Uma nuvem caiu entre a gente. O professor Petrisko entrou na sala, careca e de óculos, e vi Daniel voltar para a carteira dele e abrir o livro. Ele se moveu lentamente, como se fosse feito de barro. Tudo estava devagar. Até a voz do professor Petrisko estava lenta. "Vamos acabar com o bate-papo", ele disse à turma.

No dia seguinte, Daniel não falou comigo. Imediatamente, eu senti que estava a perigo, mas preferi me agarrar a outra versão mais otimista dos eventos.

— Você está se sentindo mal, Daniel?

— O que você disse?

— Você está doente?

Ele não estava doente. No refeitório, eu o vi em outra mesa rindo à larga com o Tab. Do que riam aqueles dois? Talvez fosse eu o doente. É, eu não estava me sentindo muito bem. Com meu lanche não comido, naveguei, tropeçando, tateando as paredes, até o banheiro. Deixei a água fria correr nas minhas mãos. No espelho, observei os traços do meu rosto. *Suas sobrancelhas são iguais às dele.* Minhas sobrancelhas caíam grossas sobre meus olhos. Sobrancelhas deveriam ser assim?

No dia seguinte, na escola, Daniel parecia estar sempre de costas para mim. E agora Tab também estava de costas. "Você está doente, Tab?" E no outro dia também. Eram já três dias de silêncio?

E aí eu fiz algo terrível, desesperado. "Ei, Daniel", eu disse. Estávamos sentados para a aula de matemática, que ainda não

185

havia começado. "Ei, Daniel, eu estava assistindo a *Saturday Night Live* e um dos atores, não lembro o nome dele, fingia ser da África do Sul e falava de Krugerrand, mas, em vez de dizer 'Krugerrand', dizia 'negrerrand'. Não é gozado, Daniel? Negrerrand." Tão simples, tão fácil. E Daniel sorriu.

— Daniel, você quer que eu vá a sua casa hoje? — perguntei. — Estava pensando que a gente podia jogar pinguepongue — eu quase ouvia a imploração no tom de minha voz.

— É? Tudo bem.

Tudo bem? Uau. Tudo bem. Foi o que ele disse. Viu, finalmente a névoa começou a subir. Não havia nada com que se preocupar. Ele andou doente, mas agora ficou bom. E quando o sino tocou para marcar o fim do dia, reuni meus livros e corri para o estacionamento para esperar que ele me apanhasse lá. Enquanto esperava, fiquei observando os garotos brancos subindo nos ônibus amarelos. Cada um com seus livros e suas mochilas. Uma horda de estudantes brancos, um depois do outro. Depois deles, os estudantes negros seguindo seus caminhos. E aí as portas dos ônibus amarelos fecharam. Procurei por Daniel na multidão e não o vi. Talvez a gente tivesse se desencontrado, e agora ele estivesse sentado no ônibus, com esperança de que logo eu chegasse. Mas qual era o ônibus dele?

— Daniel está nesse ônibus? — gritei para o motorista.

— Quem?

E quando o ônibus foi embora, vi que todos os outros ônibus estavam saindo também. Fiquei sozinho no estacionamento vendo-os ir embora. Uma fileira de gigantes animais amarelos. Ainda assim, esperei. Enfim, os professores saíram pelas portas laterais carregando seus papéis e seus livros, e andaram em direção a seus carros e também deram o dia por acabado.

Quão imenso ficava o estacionamento quando nada havia nele. As árvores lançavam longas sombras.

Foi um erro, é claro. Um desencontro. Ele tinha ficado esperando por mim, e eu o deixei na mão. Bem, a gente tentará amanhã. Mas quando comecei a me esgueirar pela cerca em direção a meu prédio, de repente vi com toda a clareza a mesa de pingue-pongue e o pufe e o terraço e, sem considerar muito bem o que estava fazendo, comecei a andar em outra direção.

Segui o caminho pelo qual o ônibus escolar me levaria, serpenteando pelas ruas da cidade, fazendo curvas e voltas quarteirão a quarteirão, como se estivesse seguindo uma trilha de farelos de pão. Subi ladeiras íngremes e desci ladeiras íngremes, Pittsburgh é uma cidade de morros. Estava escurecendo. Eu estava perdendo tempo. Será que daria tempo de brincar no pátio? Minhas pernas doíam e eu estava ficando com sede. Continuei. Daniel vai ficar surpreso quando me vir. Vai ficar feliz de me ver.

— Estava começando a ficar preocupado — ele vai dizer.

Já era noite quando cheguei à porta da casa dele. Dava para ouvir o som de vozes vindo de algum lugar, vozes de garotos. Risadas. Toquei a campainha e a porta abriu.

— Oi, Daniel — eu disse, de cara alegre.

Ele ficou pálido ao me ver.

— Perdi seu ônibus — continuei. — Foi mal.

Ele deu de ombros e virou-se sem dizer palavra — estava doente? —, e eu o segui por sua casa imensa até o terraço lá fora, onde me juntei aos outros meninos já na brincadeira.

— Jogue a bola para mim, Daniel — berrei, mas não havia mais tempo, porque eu havia chegado tarde demais e já era noite.

E no dia seguinte foi tudo posto às claras, quando dona Irani distribuiu um pedaço de papel para cada um de nós.

"Este é um dever de casa", anunciou, seu sotaque indiano fazendo as palavras "dever" e "casa" quicarem como bolas de borracha. Listada no papel uma série de frases e, dentro de cada frase, um nome de país. Austrália, Espanha, Japão etc. E Irã. O que deveríamos fazer com os nomes daqueles países em cada uma daquelas frases?

— Explico em um minuto — disse dona Irani, mas, antes que pudesse explicar, Daniel levantou-se da cadeira como um advogado pedindo um aparte ao juiz e declarando com falsa indignação para todos ouvirem:

— O Irã está neste papel! — e, olhando diretamente para mim, ele segurou o papel com a ponta dos dedos como se fosse algo que tivesse apodrecido ao sol. — Fogo! — gritou para mim. — Botem fogo, queimem esse papel!

Risadas e gritaria na turma. Tab virou-se e olhou para mim com olhos ansiosos.

— Queimem o papel! — disse Daniel.

— Queimem — repetiu outro aluno.

— Bombardeiem — disse Daniel.

— O quê? — perguntou dona Irani. — Não vou aceitar essa bagunça na minha aula!

Mas na confusão barulhenta ela pensava apenas que seus alunos estavam zangados por terem recebido dever de casa para fazer.

Os rostos de meus colegas flutuavam a minha volta, bochechudos e brancos, distorcidos pelas gargalhadas, como gárgulas na lateral de um edifício. Uma escola de gárgulas, uma cidade, um país.

— Eu vou explicar o dever de casa já, já — gritou dona Irani.

Mas já ninguém ouvia sua voz.

22.

MINHA MÃE CONTINUOU ouvindo a Rádio Pública Nacional durante o café da manhã, mas eu parei de observar sua expressão. Assumi que, evidentemente, as notícias não poderiam ser boas para mim. No caminho para a escola, eu passava por bandeiras americanas e fitas amarelas e plásticos de para-choques dando o dedo do meio ao Irã. Deixei de parar na máquina de jornal para ler as manchetes do dia, já que as manchetes do dia não mais se distinguiam das manchetes do dia anterior. Uma vez dentro dos muros da escola, eu me esforçava para ficar o mais quieto possível, para não olhar para ninguém, para não me envolver com ninguém, rezando para que minha impassibilidade incentivasse a impassibilidade dos outros. Eu já superara a expectativa de ser incluído por Daniel, por Tab, ou por quem quer que fosse, em alguma turma, e passei a me sentar na última fila, resignado a meu destino, meu olhar fixo no centro de minha carteira, esperando que meu nome não fosse chamado, esperando que os temas políticos não fossem discutidos, esperando que não viesse qualquer professor substituto que não soubesse pronunciar meu nome, pondo pleno foco mais uma vez no fato de haver um iraniano em nosso meio. Eu ainda me sentava com minha mãe para assistir a Walter Cronkite, mas já não perguntava mais "bom ou mau?" "E assim são as coisas", ele dizia. "Quarta-feira, 16 de janeiro de 1980." A assinatura agora emendada para incluir a coda: "O septuagésimo terceiro dia de cativeiro dos reféns americanos no Irã."

Uma manhã, indo antes de tudo, como eu sempre fazia, para o meu armário deixar meu lanche e pegar meus livros, ouvi a familiar voz de Daniel atrás de mim, perto do meu ouvido, dizer:

— Eu aposto que ele não vai reagir.

Eu estava de joelho no chão de carpete e tive o impulso de me levantar e me virar, mas então a voz de Tab entrou na conversa:

— Não, ele não vai reagir.

— Estão com medo demais para lutar.

— São uns covardes.

— Estão amarelando.

— Eles têm faixas amarelas nas costas.

— Olhe a faixa amarela nas costas dele.

Foi um insulto bizarro, antiquado. Algo de outra era. Continuei fuçando meu armário, como se não estivesse encontrando o que procurava. O fato de estar agachado enquanto eles estavam de pé acima de mim somava ao quadro de submissão. Eu tinha me agachado por minha própria conta, mas agora parecia que tinha sido forçado. Me levantar significaria uma disposição para o confronto, e eu não queria isso. Então continuei de joelhos e deixei-os continuar até a sineta tocar para o começo da aula.

Daniel continuou bonito a meus olhos. De fato, tornou-se mais bonito, enquanto eu fiquei mais feio. Esse era o triste efeito colateral de tê-lo primeiro percebido como meu perfeito oposto. Fiquei mais magro, mais frágil, enquanto ele crescia em robustez. Meus traços tornaram-se chamativos e proeminentes, enquanto os dele ficavam sempre mais elegantes e refinados. Eu tinha certeza de que ele viria a ser um ator de cinema quando crescesse. Era como se meu rosto estivesse canibalizando a carne do meu corpo, absorvendo-o em si mesmo, de maneira que meu nariz e olhos e sobrancelhas se intensificavam a cada dia, ficando mais escuros, mais largos, mais cabeludos. Um rosto horrendo, eu tinha certeza, vociferando atenção para si. Agora, eu evitava o espelho a todo custo.

E uma tarde no refeitório, enquanto comia sossegadamente entre garotos que não sabiam meu nome nem de onde eu era, fui abordado por um aluno branco, um acadêmico de outra turma, que eu conhecia apenas vagamente. Seu nome era Alan, ele era baixo, inteligente, judeu e tinha um vocabulário impressionante, tendo me surpreendido uma vez ao usar a palavra *literalmente* numa frase. "O professor *literalmente* se levantou e..."

— Ei, Saïd — disse Alan —, venha comigo, quero lhe mostrar um negócio engraçado.

O convite me surpreendeu, enfiei meu lanche não comido em um saco de papel marrom e acompanhei Alan em direção ao fim do refeitório onde vi que 12 garotos estavam reunidos em um círculo. Perguntei-me de repente aonde ele estava me levando e por que eu concordara em segui-lo sem questioná-lo. Mas me fiz essas perguntas tarde demais e já não podia voltar atrás. Quando estávamos a apenas poucos metros do círculo, este abriu-se dramaticamente, como um alicate, e no centro estava Daniel. Seus ombros e peito pareciam mais largos do que antes, suas mãos e braços ainda mais grossos, um menino no corpo de um homem. Era sensível a energia dos garotos no círculo, alguns dos quais eu conhecia apenas tangencialmente. Daniel olhou para mim, e eu olhei para outro lado. Onde estavam os professores? O barulho do refeitório aumentou. Vi quando Alan, que havia me levado até ali, entrou naquele alicate de gente e se pôs ao lado de Daniel, os dois me encarando. A ideia de erguer os braços para a luta me deu pânico. Vou me permitir ser surrado, pensei. É isso que vou fazer. Será mais fácil, mais rápido. Vou cair. Meu lanche vai derramar. Minha calça vai se rasgar. E aí vai passar. *Vou amarelar, sou um covarde.*

— Se você fosse uma menina — Alan perguntou a Daniel, voltando-se para ele e projetando a voz como um ator no palco —, qual o garoto de nossa turma que você acharia mais bonito?

E Daniel respondeu como em uma cena, respondendo a sua deixa:

— Eu, é claro.

Ao que Alan retrucou:

— Eu sei por quê!

O calor no meu peito subiu à minha cabeça enquanto os garotos caíam na gargalhada. O círculo se fechou. Fiquei na periferia, puxado para sua órbita, ouvindo a conversa alta, brincalhona. Esperei que ele se reabrisse, mas o papel para o qual havia sido escalado não era mais necessário.

E naquela noite contei a minha mãe.

— Estão me sacaneando na escola, mãe.

Era algo vergonhoso de admitir.

Minha mãe estava na sala, sentada em sua cama, e ela se inclinou, as sobrancelhas cerradas com preocupação.

— Quem está te sacaneando?

— Os garotos — disse, vagamente. — Garotos.

— Que garotos?

— Garotos da escola.

— Da tua turma? — sua voz subiu, os dedos se cruzaram.

— Acho que sim.

— Por que eles estão te sacaneando, Saïd?

— Não sei.

— O que você quer dizer com "não sei"?

— Você fez alguma coisa?

— Acho que estão me sacaneando porque eu sou iraniano, mãe.

E com a palavra *iraniano*, as sobrancelhas de minha mãe se desuniram e uma expressão vazia atravessou seu rosto. Nos olhamos por um instante. Havia algo mais para eu dizer? E minha mãe meneou a cabeça, um curto meneio, como se dissesse "você está desculpado". Fui para meu quarto e esperei que ela viesse e me dissesse o que faria em seguida. Quando eu estava na segunda série, um professor se referiu à turma como "um bando de índios selvagens", e minha mãe escreveu uma carta reclamando, que tive de entregar em mãos. Mas quando ela me chamou agora era porque a comida estava na mesa, e durante o jantar não se falou no assunto. Nem se falou no assunto no dia seguinte.

Assim, em vez de qualquer apoio, passei a carregar comigo um pequeno pedaço de metal que havia encontrado no chão da sala de treinamento vocacional/ocupacional. Era do tamanho de um clipe de papel, com uma ponta aguda, irregular, e eu estava decidido, se houvesse algum motivo, ferir com ele o olho de quem me atacasse. Eu sabia que jamais teria coragem para isso, mas a mera ideia me dava segurança. Enquanto sentava à minha carteira, enquanto andava pelos corredores entre as aulas, enquanto comia meu lanche, eu apalpava o pedaço de metal em meu bolso, e sua presença me acalmava.

23.

ENQUANTO ISSO, NO IRÃ, Mahmoud Sayrafiezadeh e seu recentemente rebatizado Partido Revolucionário dos Trabalhadores — de maneira a diferenciar-se da facção que se autointitulava Ala Militante do Partido Socialista dos Trabalhadores — estavam se preparando diligentemente para a primeira eleição presidencial na história do país. Cento e vinte e quatro candidatos se registraram para esse acontecimento histórico, que iria finalmente, irrevogavelmente, dar um ponto final a 25 séculos de monarquia. O sonho pelo qual Saïd Salmasi tinha lutado e morrido iria enfim se realizar, e meu pai, tendo vivido sua vida sob a sombra desse sacrifício, respeitosamente aceitou a indicação de seu partido.

Nascido em Tabriz no ano de 1313 A.H.

Autor do livro *Nacionalidade e Revolução no Irã*

25 anos de luta no exílio contra o Xá

Mahmoud Sayrafiezadeh para presidente

A capa do manifesto exibia a cabeça de Jimmy Carter ora saindo de dentro, ora em cima, de uma gigantesca pilha de crânios. E escapando da boca aberta, bocejante, de Carter, uma versão em miniatura do Xá segurando uma mala em cada mão, supostamente abarrotadas com 70 bilhões de dólares em notas.

"As eleições presidenciais vão se realizar" dizia a plataforma de campanha,

> enquanto o imperialismo norte-americano prolonga seu bloqueio econômico, na esperança de que uma ação militar agressiva e ataques políticos contribuam para a reconquista de sua hegemonia absoluta sobre o país. Para realizar seu plano diabólico, os imperialistas dos Estados Unidos mobilizaram todos os seus aliados e agentes internacionais, inclusive a ONU e os capitalistas nacionais. Eles anseiam pelo retorno do reino Pahlavi, com seu militarismo, autocracia e a consolidação da ascendência capitalista a fim de suprimir a campanha dos trabalhadores e camponeses pela liberdade e pelo fim da pobreza.

Contra esse fim infeliz, meu pai propunha meia dúzia de soluções, a primeira e principal delas sendo o apoio à "campanha anti-imperialista" levada a cabo pelos Estudantes Muçulmanos Seguidores da Linha do Imam, que continuavam a manter presos os 53 reféns americanos.

Soube da candidatura do meu pai por um outro envelope que me chegou exatamente uma semana depois do meu 11º aniversário. "Tenho uma coisa para você", disse-me de novo minha mãe. Dentro, encontrei um panfleto escrito inteiramente em farsi, com um texto muito densamente diagramado em ambos os lados, a maior parte em preto, um pouco em vermelho. Junto do texto, uma foto recortada de meu pai com seu rosto bem barbeado e aquele sorriso confiante e sedutor de sempre. Nenhuma nota, explicação ou tradução e, a não ser pelo fato de alguém haver escrito *Para Saïd* no alto do panfleto, nada que indicasse que aquilo era para mim. Era um panfleto,

195

afinal de contas, impresso e distribuído para as multidões. Ainda assim, para mim, foi como um reconhecimento do meu aniversário — se não um presente, uma boa razão para não haver um presente.

Sentei por alguns minutos na beirada da cama com a compreensão retroativa de que a notícia da candidatura do meu pai era espetacular e qualquer outro garoto só poderia sentir-se orgulhoso. Por isso, em vez de pôr o panfleto na gaveta de meias, colei-o junto da fotografia de John Travolta no quadro de notas da minha escrivaninha para que eu pudesse admirá-lo. Aqui estava eu, de posse de um segredo poderoso, que surpreenderia o mundo se viesse a ser descoberto. Era de fato um segredo tão cativante e irresistível que, quando o professor Petrisko anunciou que cada aluno deveria levar algo significativo dos assuntos contemporâneos para apresentar à turma, não hesitei e escolhi o panfleto. Mas somente quando já estava sentado no fundo da classe, observando os colegas se levantarem e fazerem a apresentação, percebi o quanto estava me comprometendo naquela situação. À minha frente na carteira, estava o panfleto, e à frente do panfleto estavam sentados Daniel e Tab e mais uma turma inteira de meninos e meninas com o mesmo tipo de cabeça. Acompanhei com crescente apreensão à medida que cada aluno ia para o centro do tablado e prosseguia com alguma tentativa de explicação do estado da indústria do aço em Pittsburgh. Meu alívio a cada vez que não se mencionava o Irã era contrabalançado pela percepção de que eu seria o único a fazer a menção. Cheguei a pensar em amassar o panfleto e alegar que não havia entendido a tarefa, mas isso parecia imperdoável.

Finalmente, chegou a minha vez de fazer a apresentação. Não havia escapatória. Levantei-me e andei até a frente da turma, meus joelhos mal dobrando, e virei o foco das atenções. Segurei o panfleto com todo cuidado na minha frente, com minha outra mão enfiada no fundo do bolso apalpando o pequeno pedaço de metal. Observei as fileiras de rostos que expressavam do total desinteresse ao instinto assassino, sabiamente evitando os olhares de Daniel e Tab.

— Isso aqui é um panfleto de um homem que está se candidatando a presidente do Irã — disse eu.

E esperei. O que eu estava esperando? Estava esperando que alguém perguntasse quem era aquela pessoa.

— *Isso aqui é um panfleto de um homem que está se candidatando a presidente do Irã.*

— *Quem é esse homem no panfleto, Saïd?*

Dar de graça que era meu pai parecia trapaça. Então esperei. E a turma esperou. E o professor Petrisko esperou. E então percebi, em pé diante daquele mar de silêncio, que eu não tinha absolutamente nada a dizer sobre o panfleto em minha mão. Meu olhar desviou dos rostos a minha frente para meus sapatos, os tênis Nike de tecido cinza. Depois estudei o carpete. Era um carpete tão macio, e me perguntei como seria tirar um cochilo nele.

Logo, ouvi a voz do professor Petrisko me despertando, me perguntando:

— Você pode dizer à turma algo sobre a língua usada no panfleto, Saïd?

Olhei para ele. Perdi a cor. Eu não sabia nada sobre a língua usada no panfleto. A língua não tinha nada a ver.

— Você pode dizer algo à turma sobre a história do Irã, Saïd?

Percebi que tinha caído numa armadilha de questionário aluno-professor da qual eu não tinha saída. Permaneci em frente à turma, despido, inclinando para um lado, examinando

197

o panfleto como se estivesse prestes a dizer algo interessante, perfeitamente consciente de que fracassara por completo na tarefa. Sob as luzes brilhantes da sala de aula, a qualidade do panfleto surgia para mim como fajuta e amadora, desses materiais de centros comunitários. Como eu não tinha notado isso antes? O buraco que eu tinha feito no papel ao pendurá-lo no meu quadro de avisos olhava para mim.

— Tudo bem, Saïd, obrigado — disse o professor Petrisko, misericordiosamente dando-me permissão de retomar o meu assento. O que eu fiz imediatamente. Voltando mais uma vez ao pedaço de aço em meu bolso, enquanto observava o aluno seguinte se levantar e começar a expor sem maiores esforços o debate sobre a questão nuclear. "Isso aqui é uma fotografia de Three Mile Island..."

Quando a aula terminou fiquei para trás, rodeando a mesa do professor Petrisko até que ele terminasse de arrumar seus papéis.

— Eu só queria lhe dizer — afirmei, quando me vi sozinho com ele — que o homem no panfleto é Mahmoud Sayrafiezadeh.

Ele me olhou sem expressão.

— Ele é meu pai.

Falei como se nada fosse, com falsa humildade, de maneira que o professor Petrisko tivesse espaço para dizer alguma coisa.

Por que você não passou essa informação, Saïd? Isso muda tudo.

— É mesmo? — retrucou o professor, com um "como se nada fosse" que se igualava ao meu.

— É.

Depois disso, nenhum de nós dois disse nada, porque não havia mesmo nada a dizer, e logo o professor Petrisko retornou à montanha de papéis sobre sua mesa.

24.

MEU PAI PERDEU, de qualquer maneira. Mais de 14 milhões de pessoas foram às urnas no Irã, e 11 milhões entre elas depositaram seus votos em Abolhassan Bani-Sadr. Ahmad Madani levou cerca de 2 milhões; Hassan Habib, 500 mil; e os outros candidatos, totalizando mais ou menos sessenta candidatos — outros sessenta haviam desistido antes do dia da eleição —, dividiram o que sobrou. A luta por um Irã socialista entrou num impasse.

Mais ou menos uma semana depois de apresentar o panfleto, eu estava na aula de inglês fazendo um teste de verbos e substantivos, quando a porta se abriu e um colega de quem já tinha sido amigo entrou na sala. Todo mundo automaticamente olhou para saber quem poderia estar tão atrasado para a aula, e vimos Charlie, com seus jeans desbotados, seu cabelo louro sujo e sua camiseta preta com uma caricatura de Khomeini, só sobrancelha e nariz, bem no meio do peito. Sobre a cara de Khomeini, uma simples frase: *O Irã é uma merda.*

Houve um claro espaço de silêncio enquanto cinquenta olhos na sala absorviam o significado do que estava estampado no peito do garoto, absorviam a ideia de que um garoto podia ser ousado o bastante para vestir uma camiseta daquelas na escola, e quando toda a informação foi processada, 25 bocas caíram na gargalhada. Depois disso os cinquenta olhos saíram da camiseta e viraram para mim, observando atentamente minha reação. Fiquei sentado pensando: *Eu apoio a luta dos trabalhadores e camponeses iranianos contra o imperialismo dos Estados Unidos...*

A professora dessa matéria era uma loura alta e bonita por quem eu tinha o maior tesão, e ela esperou que a barulheira terminasse para, respeitosamente, sugerir que o garoto vestisse um casaco. "Essa camiseta não é apropriada para a escola, Charlie", disse com um tom de meninos-serão-sempre-meninos, que me enfureceu. Obedientemente, Charlie saiu, mas, quando voltou vestindo um simples casaco marrom, ainda conseguiu provocar gostosas risadas. A excitação agora estava no não dito. E ao longo de todo o resto do dia, sempre que um professor saía da sala ou se virava para escrever no quadro-negro, Charlie se levantava e abria o zíper de seu casaco, desafiadoramente expondo seu peito e deliciando a turma. "Podem me dizer qual é a graça!", exclamou dona Irani, o que fez todo mundo rir ainda mais.

Finalmente, resolvi fazer o que minha mãe não fez e pedi ao professor Petrisko que me mudasse de turma. Ele não me perguntou por que, nem eu lhe disse, mas eu sabia que ele sabia. Uma vez que só havia uma turma de "acadêmicos" naquela série, eu só poderia ir para uma turma "regular". Concordei imediatamente, e na segunda-feira seguinte, nem um dia a mais, achei meu lugar numa sala cheia de meninas e meninos negros, onde instantaneamente eu reverti à condição de criança branca.

E foi lá que permaneci pelo resto do ano escolar, anonimamente, fazendo tarefas sem desafios, mas inteiramente contente. A única vez em que fui notado foi quando um professor-substituto não conseguiu pronunciar meu nome, e todo mundo riu. Fora isso, meus colegas mal me olhavam. Até naquele abril, quando os helicópteros se arrebentaram no deserto numa tentativa de resgatar os reféns, o Irã não foi mencionado. Não fiz amigos naquela turma, mas tudo bem. Eu já não estava mais interessado em fazer amigos.

25.

As COISAS NÃO foram bem para meu pai depois que ele perdeu a eleição presidencial. E as coisas não foram bem para o Irã. O equilíbrio de forças, que já pendia pesadamente a favor dos aiatolás e de Khomeini, foi ainda mais nessa direção. Uma revolução cultural explodiu no país, e vestígios do Ocidente — gravatas, inclusive — foram proibidos, jornalistas foram presos por criticar o Islã, e as mulheres foram obrigadas a usar o véu em público, revertendo as cinco décadas anteriores, quando as mulheres eram obrigadas a *não* usar o véu em público. As universidades foram engolfadas por tumultos mortais. Milhares foram enforcados ou fuzilados pelo crime de contrarrevolução. Os *mujahideen*, com um exército de guerrilha de centenas de milhares, reagiram ao governo com bombas e assassinatos. Retaliações seguiam-se a retaliações. Para piorar a situação, Saddam Hussein bombardeou o aeroporto Mehrabad em 22 de setembro de 1980, provocando um blecaute em Teerã e começando uma guerra que viria a durar oito anos e ceifar milhões de vidas. E, é claro, havia os reféns.

Até o Partido Revolucionário dos Trabalhadores, que já rachara do Partido Socialista dos Trabalhadores do Irã, fora assolado por discórdias e cizânias, e sessenta militantes saíram para fundar o Partido da Unidade dos Trabalhadores. O partido imprimia seu próprio jornal, *Hemmat* (*Determinação*), com meu pai de editor e uma plataforma alegando que se tratava da única organização capaz de *apontar o caminho da vitória para a classe trabalhadora*. O que Barnes triunfantemente proclamara, apenas dois anos antes, como "o primeiro partido trotskista em solo iraniano" a essa altura já eram três, opondo-se ao Islã e uns aos outros, enquanto lutavam por alguma relevância em um país que descia para o caos. Meu pai não parou de advogar por sua visão do Irã, atenuada agora para incluir apoio crítico aos clérigos, mas, ainda assim, o espaço para a dissidência ficava mais estreito a cada dia.

O Partido Socialista dos Trabalhadores nos Estados Unidos continuava a apoiar a revolução, argumentando que, embora islâmica, ela era também anti-imperialista e, por isso, deveria ser defendida incondicionalmente. Mas não havia dúvidas de que o entusiasmo já baixara bastante e havia chegado a hora de seguir em frente. Não seria a revolução que se esperava. Minha mãe continuava a ouvir a Rádio Pública Nacional todo dia de manhã, parando o que estava fazendo, como sempre, quando o noticiário falava do Irã, mas ela já não manifestava críticas ou reprovações. E meu pai já não era mais mencionado em nossa casa. Não havia mais nada a dizer sobre ele, na verdade. Éramos só nós dois de novo, minha mãe e eu, sentados juntos à mesa da cozinha.

Quando chegou o momento de eu começar a sétima série, a crise dos reféns já estava no seu décimo mês. Eu voltara para a turma dos acadêmicos, mas preparado desde o primeiro dia para pedir a transferência direta para os regulares, se fosse necessário. Não haveria demora dessa vez. Para meu alívio, no entanto, um influxo de novos alunos mudou todo o mapa das turmas, e por sorte Daniel e Tab foram para outro andar. Para os alunos de minha turma, o Irã deixara de ser um tópico de conversa urgente. Mas isso pouco importava, porque eu já tomara a decisão de que, em hipótese alguma, eu expressaria minha opinião. Além do mais, eu já formulara a esperta estratégia de dizer a quem quer que perguntasse que eu era persa. Ninguém, inclusive eu, sabia exatamente onde ou o quê a Pérsia era, mas todo mundo ficava satisfeito com a resposta.

Raramente, eu via Daniel e Tab, uma das vantagens de estudar numa escola de 2 mil alunos, mas, quando isso acontecia, o velho pânico voltava, todo o sentimento de humilhação e traição, claros e frescos, e eu sumia pelo corredor. Anos mais tarde, um pouco antes de me formar na escola média, acabei encontrando Daniel numa festa. Ele estava bêbado quando me viu, e levou um tempo até me reconhecer. Finalmente, exclamou:

— Saïd! — como se fôssemos velhos amigos. — Como você vai, Saïd?

— Vou bem — foi tudo que respondi.

E observei-o a tremer contra a parede, começar a dizer alguma coisa, perder as palavras, começar de novo, mas antes que conseguisse formar uma frase eu já estava longe.

Os reféns foram finalmente libertados em 20 de janeiro de 1981, depois de 445 dias de cativeiro. Eu tinha 10 anos naquela manhã de novembro, quando em nossa sala ouvi a reportagem da Rádio Pública Nacional sobre a captura deles. Agora, eu já tinha 12. O diretor interrompeu a aula para dar a notícia. "Atenção, todos os alunos e professores", disse em um alto-falante, obviamente todo animado com a oportunidade para brilhar. Mas seu anúncio estava imbuído de anticlímax, e a turma pareceu recebê-lo com vaga indiferença.

E não muito depois disso, na privacidade do meu quarto, eu removi do meu quadro de avisos o panfleto sobre a candidatura presidencial do meu pai. Parecia uma relíquia de uma era passada, e sua presença servia apenas como uma lembrança constante de que eu não tinha mais qualquer notícia a seu respeito. No espaço retangular que ficou vazio, preguei uma imagem do que se tornara o tópico mais relevante para o partido: a ilustração de um soldado americano desesperado, a cabeça nas mãos, sentado junto ao túmulo onde seu companheiro de armas acabara de ser enterrado. *Abaixo o recrutamento. Abaixo a guerra. Os Estados Unidos fora de El Salvador. Vote Trabalhadores Socialistas.* Quanto ao panfleto do meu pai, dobrei-o três vezes cuidadosamente e coloquei-o em minha gaveta de meias, junto com sua carta. Só ficou sua fotografia sobre minha cama, fixa e imóvel. O resto dele desaparecera.

26.

Naquele verão de 1981, fui a Cuba. "Agora, você verá o socialismo em primeira mão", disse minha mãe. A excursão foi organizada pelo Partido Socialista dos Trabalhadores e vendida como, possivelmente, a última vez em que o governo dos Estados Unidos permitiria viajar à ilha. (O que acabou sendo verdade.)

Tentei agir como se estivesse muito animado com a viagem, mas não estava. A perspectiva de passar uma semana em um lugar estranho sem minha mãe me perturbava. Some-se a isso o fato de que a única maneira de se chegar a Cuba era saindo de Miami — um voo de aproximadamente meia hora —, mas para chegar a Miami eu precisaria viajar em um ônibus Greyhound por 20 horas a fio. Também me dei conta de que, para minha mãe me mandar numa viagem que custava 700 dólares, ela contava com muito mais dinheiro do que admitia.

Uma semana antes da partida, minha mãe e eu nos sentamos para jantar espaguete com almôndegas. Era de longe meu prato preferido e ajudava a quebrar a monotonia de uma consistente dieta de, quase exclusivamente, ervilhas congeladas, arroz branco, pão e manteiga. Mal começáramos a comer, minha mãe lançou-se em mais um alegre monólogo sobre tudo que eu veria e vivenciaria em Cuba. E, sem dedicar um pingo de reflexão ao que eu estava dizendo, soltei no meio de uma garfada de espaguete: "Quero mais é que os Estados Unidos bombardeiem Cuba!"

O rosto de minha mãe ficou cinza. Depois seus olhos se encheram de lágrimas. Um Fidel amarelado olhava para mim do quadro de avisos. Em um segundo, percebi a força tremenda das minhas palavras, seu peso insuportável. Houve um momento de calmo silêncio, mas era uma falsa calma, como uma brisa suave soprando na campina pode alertar para a tempestade que se aproxima.

— Nunca diga isso! — ela gritou com toda força. Pensei imediatamente em nossos vizinhos. — Nunca diga isso!

Me arrependi imediatamente. — Desculpe, mãe!

Meu pedido de desculpa não foi ouvido. — Nunca diga isso!

— Estava brincando — eu disse e tentei dar uma risadinha, como se estivesse lidando com um problema de falta de comunicação.

— Nunca brinque com isso!

— De verdade, mãe, desculpe. Não vou mais fazer essa brincadeira. Prometo que não.

— Não faça nunca essa brincadeira! — mais alto ainda.

— Não vou fazer, mãe.

E aí sossegou. A raiva deu lugar à tristeza. Só o tempo poderia curar a ferida entre a gente. Olhei para meu prato de espaguete, vermelho como sangue, e me perguntei como pude dar uma mancada dessas. Também me perguntei se eu poderia continuar comendo ou se seria visto não só como um insensível, mas ainda como um glutão. "Olhem só aquele bundão rico enchendo a cara numa época como essa!" Não comer, no entanto, significava alongar a crise, então peguei meu garfo e tentei enfiá-lo na comida. Minha mãe não disse nada. Dei uma garfada. Esperei que ela dissesse alguma coisa. Ela não disse. Dei outra garfada. Esperei. Então minha mãe pegou o garfo e juntos comemos nosso espaguete.

Cheguei a Havana de noite. Estava muito escuro e muito quente, um calor encharcado que eu nunca sentira antes e que se somava ao embrutecimento das 24 horas de viagem. Minha roupa grudava na pele, e meus pés estavam inchados. Havia dúzias de outros companheiros e simpatizantes na excursão, mas eu tinha uma espécie de acompanhante pessoal, um louro parrudo chamado Paul, novo no partido e desconhecido para mim, mas a quem minha mãe se sentira à vontade para confiar meu bem-estar. Subimos todos numa van e rodamos por uma hora para fora de Havana até nosso resort na praia. Todos os carros na rua eram antiguidades, como brinquedos. "Os efeitos do embargo imperialista", disse um dos companheiros. Do meu lado sentou um menino chamado Roger. Tinha 16 anos e acabara de aderir à Aliança Socialista Jovem. Fiquei ouvindo enquanto ele conversava com os adultos sobre política cubana. Todo mundo parecia tão animado por finalmente estar em Cuba que minhas emoções maiores de exaustão e desinteresse surgiam em alto relevo. Tinha como um sentimento crescente de impaciência e irritação comigo mesmo, como se uma parte de mim estivesse bronqueando com a outra. A aventura estava apenas começando para os companheiros, mas lá estava eu já com saudade da minha mãe e querendo voltar para casa. Sabia que isso era um pensamento infantil e que fora enviado nessa viagem precisamente porque acharam que eu já era bastante maduro. Me comportar como uma criança agora significaria fracassar em um teste importante e desperdiçar o dinheiro de minha mãe.

Naquela noite, ao jantar, copos de água com pequenos guarda-sóis roxos e cor-de-rosa foram postos em frente a todo mundo. Feliz da vida, eu enfiei o guarda-sol no meu bolso, mas, quando bebi a água, ela cortou minha boca e engasguei alto.

— Isso é rum — disse Roger. — Se você não quiser, eu tomo.

Não, eu pensei. Vou beber. É isso que vou fazer. Dei outro gole e de novo minha boca pegou fogo.

Um garçom pôs um prato de frango com legumes a minha frente. Comi e bebi. Vou comer e beber de tudo! Minha cabeça girava. Pensei em minha mãe e no que ela estava fazendo naquele exato momento e se ela ficaria zangada comigo se soubesse que eu estava tomando rum ou se, ao contrário, acharia que eu estava vivendo uma aventura.

— Posso ficar com seu guarda-sol? — perguntei a Roger.

— Eu quero o meu — ele respondeu.

— Posso ficar com seu guarda-sol? — perguntei ao outro companheiro a meu lado.

— Claro, Saïd.

Coloquei-o em meu bolso.

Na manhã seguinte, antes de sairmos em nossa primeira excursão, fiquei na praia com minha mochila e uma baita dor de cabeça olhando as ondas azuis rolarem gentilmente para a frente e para trás. A areia era macia e o sol brilhava baixo no horizonte e tudo estava lindo. "A apenas 145 quilômetros da costa do imperialismo", todo mundo gostava de dizer. Roger veio correndo de calção. "Ainda dá tempo para um mergulho", disse. E caiu na água. "A água está perfeita!" Observei-o mergulhar. A última vez em que havia estado numa praia foi quando vivi no Brooklyn. Minha mãe conseguira um emprego de verão trabalhando para o Centro Nacional de Pesquisas de Opinião, o que exigia dela a cobertura de um amplo território. Cada fim de semana, nós dois pegávamos o metrô até Coney Island, onde eu ficava brincando na areia a beira-mar, enquanto minha mãe andava por ali fazendo perguntas pessoais aos banhistas. Eu sabia que mamãe odiava aquele trabalho, que aquilo a desmoralizava, e ficava mal por causa dela. Um dia, na praia, nós nos perdemos, e na minha confusão, de pés descalços, pisei em um cigarro aceso e imediatamente caí na areia. Um estranho viu o meu estado, ajoelhou-se e me ergueu nos braços.

Nossa primeira parada na excursão cubana foi em uma fábrica de charutos. Eu nunca estivera antes numa fábrica e fiquei mortificado pelo que vi. Era escuro e sujo e quente, muito mais quente do que lá fora, e fedia um cheiro doce de tabaco, grosso e pesado, que me dava náuseas. Eu não conseguia imaginar a sobrevivência por mais de uma hora naquela fábrica, quanto mais oito, dez, doze horas, como passavam os trabalhadores, diariamente, enquanto picavam suas vidas através de grandes montanhas de fumo. Roger e todos os companheiros, no entanto, acharam tudo uma beleza, capazes de ver além do desconforto aparente e enxergar um local de trabalho justo e igualitário como não existia nos Estados Unidos. Nos agrupamos no calor sufocante, passando de mão em mão uma xícara de lata cheia d'água, enquanto os companheiros faziam perguntas aos trabalhadores, que eram traduzidas para o espanhol. Eu estava morrendo de tédio e não dava a menor importância para nada do que estava sendo perguntado ou respondido. Mas quando todo mundo ria de alguma coisa, eu ria junto, e quando todo mundo ficava sério, eu ficava sério também. O tempo todo eu ficava pensando que deveria fazer uma pergunta para impressionar os companheiros, mas não tinha ideia que pergunta era essa. Nosso guia contou-nos uma história de como Fidel uma vez proclamara que uma única vida cubana valia mais do que todos os campos de tabaco do país, e imaginei um cubano sendo sequestrado pelos Estados Unidos e Fidel incendiando todos os campos para receber de volta aquele cubano. No finalzinho da discussão, Roger levantou a mão e perguntou ao guia como ele deveria fazer para se mudar para Cuba. Todo mundo riu — eu, inclusive — e balançou a cabeça melancolicamente.

A visita à plantação de cana-de-açúcar foi mais ou menos igual. Perguntas, respostas e total admiração. E assim também na sala de estar de uma pessoa qualquer onde ficamos por duas horas. E assim também em todas as outras atividades da excursão. Mas, para mim, não se passavam 15 minutos sem que minha mente se preocupasse com o calor, com a sede que eu estava sentindo, com o que minha mãe estava fazendo. Eu estava também obcecado com a preocupação de não me perder, me atrapalhar ou me confundir com as três moedas que eu carregava o tempo todo, e assim bolei um sistema de pôr meus traveler's checks em um bolso, os pesos cubanos em outro, e os dólares em um terceiro. Durante as várias excursões e discussões, eu me via repetidamente batendo primeiro no bolso traseiro, depois no da esquerda, depois no da direita.

Superando todas as outras preocupações, porém, havia meu medo de ter que ir ao banheiro. Uma das primeiras coisas que notei em Cuba foi que os banheiros públicos eram imundos e decrépitos, geralmente sem papel higiênico, as privadas sem assento, tudo cheio de mosca, mesmo em restaurantes. Eu sabia que os efeitos do embargo norte-americano a Cuba se refletiam nos banheiros e que deveria me pôr acima desse tipo de preocupação rasa, mas não conseguia. Vivia perseguido pela possibilidade de ter que ir ao banheiro e fazia de tudo para me segurar até chegar de volta ao resort no fim do dia. Quando isso se mostrava inviável, eu corria no último minuto até o banheiro mais próximo, onde pairava desconfortavelmente sobre a privada sem assento.

À medida que passavam os dias, crescia minha frustração comigo mesmo, exacerbada pelo entusiasmo exagerado de todo mundo, especialmente de Roger. Comecei a entreter o pensamento de também aderir à Aliança Socialista Jovem. Isso embeveceria minha mãe e faria com que ela pensasse que o dinheiro foi muito bem gasto. Eu tinha apenas 12 anos, mas com 12 anos eu não era jovem demais para aderir, minha irmã, afinal, tornara-se membro quando tinha 11 ou 12. Além disso, era o meu destino. Não deveria eu, um dia, ser um grande revolucionário como meu pai? Havia sempre pressuposto isso, como todo mundo. Um dia, na solidão do apartamento de minha mãe, passei o tempo olhando para meu reflexo na janela da sala e fazendo meu rosto ter a expressão que eu achava ser de um revolucionário, orgulhosa e solene, como a de Fidel quando ele foi levado à Justiça por Batista. "A História me absolverá!", disse na sala de audiência. Por um longo tempo, fiquei ali, tentando acertar a expressão do meu rosto, imaginando uma porção de gente olhando para mim e aplaudindo.

No meio da semana, fomos para Havana de ônibus, que demorou a vir e, quando chegou, estava lotado. Um cubano se levantou e deu seu assento a uma companheira. Ele permaneceu de pé mesmo quando o ônibus esvaziou, sempre dando a outros a oportunidade de sentar. Todos os companheiros ficaram muito felizes por causa daquele homem, e alguns conversaram em espanhol com ele. Compreendi que o comportamento generoso daquele homem não se devia a sua personalidade, mas à revolução. Que a revolução havia criado um tipo de ser humano novo, não egoísta, um tipo de pessoa que ninguém havia visto antes. Em La Plaza de la Revolución, um enorme retrato de Che estava pendurado na lateral de um prédio, e minha declaração anterior, "quero mais é que os Estados Unidos bombardeiem Cuba", ressoou em meus ouvidos, me envergonhando até que me senti completa e incondicionalmente curado. Crianças da minha idade estendiam as mãos, pedindo balas. "Chiclete! Chiclete!", imploravam. Por alguma razão, todos os companheiros haviam dito que não lhes desse nada, e por isso ignorei-as cruelmente e passeei pelas lojas, tentando encontrar um presente para minha mãe. Me perguntei como ela estaria quando a visse de novo.

Na véspera da partida, um grupo de crianças cubanas se reuniu à gente na praia do resort, e tivemos uma discussão de improviso sobre a sociedade de Cuba. Era óbvio que os companheiros ficaram impressionados não só com as respostas que as crianças deram, mas com a maneira sofisticada como se expressaram. Novos exemplos de um tipo de pessoa, um tipo de *criança*, que a revolução socialista criara. Eu me comovi com a atenção que elas estavam conquistando e com a maneira como provocavam tanto riso como simpatia da parte dos companheiros. E, como eu já havia feito antes várias vezes, quebrei a cabeça para achar uma pergunta que levasse as pessoas a se impressionarem comigo também. Finalmente, cutuquei o braço da intérprete e pedi a ela que perguntasse às crianças se, em Cuba, era comum os professores baterem nos alunos. Perguntei com um tom bem natural que eu esperava viesse a indicar que, embora muito importante para mim, a pergunta era difícil de fazer, pois *eu* já havia sofrido nas mãos dos professores na escola. Assim, eu provocava piedade por ter de viver nos Estados Unidos e, ao mesmo tempo, admiração por ser capaz de denunciar o lado escuro de nosso país. Tive a satisfação adicional de a intérprete fingir que estava me dando um tapa de maneira a ilustrar melhor o significado da pergunta para as crianças.

— Não — um dos meninos respondeu, olhando para mim com indiferença, como se não pudesse perder tempo com esse tipo de pergunta.

— Não — a intérprete traduziu para mim.

Quando meu avião aterrissou em Miami, tive que ir ao banheiro. Mais uma vez, fui tomado de pânico e entrei trepidando no banheiro do aeroporto. Fiquei chocado com o que vi: o banheiro estava impecável e brilhante. Uma parede de espelhos ampliava o brilho. E ainda tinha ar-condicionado. Escolhi uma cabine e descobri para meu alívio que havia papel higiênico e assento na privada. Como me senti feliz por voltar aos Estados Unidos. Como me senti grato. E enquanto essa ideia passava pela minha cabeça, eu sabia que, como tantas outras vezes na vida, eu estava pensando errado.

27.

A HERA NA cerca do parquinho ficou grossa naquele verão. Observei isso nas tardes em que voltava para casa da escola, ou na corrida fazendo um serviço para minha mãe. Embora já fosse outono, parecia que continuava crescendo. Através dela, eu via garotos da minha idade jogando beisebol ou futebol, gritando e correndo. Muitos desses meninos, eu reconhecia de Reizenstein — alguns negros, outros brancos —, mas eles eram de outras séries ou outras turmas, e eu não sabia seus nomes. Pela maneira como jogavam, deveriam ser amigos há muitos anos, e pressupus que tinham ido à mesma escola fundamental do bairro, enquanto eu estava sendo transportado de ônibus por toda cidade. Às vezes, eu pensava em entrar no parquinho para jogar com eles, mas não sabia como abordá-los, então voltava para casa, comia um sanduíche, fazia meu dever de casa e esperava minha mãe chegar do trabalho.

Voltando do mercadinho uma tarde, mais ou menos um mês depois de começarem as aulas da oitava série, dei uma parada na beira do parquinho a fim de observar os meninos se revezando para jogar uma bola de tênis contra um muro de tijolos. Uma variação do jogo que eu jogava sozinho na área atrás do prédio, quando eu imaginava que era Reggie Jackson tanto batendo como atirando a bola. De pé, à margem, segurando uma sacola de compras com uma bisnaga de pão, acompanhei a ação por um bocado de tempo sem ser visto. "Peguei!", eles gritavam com os braços estendidos, cada um com esperança de ser aquele que conquistava a taça. Em determinado momento, dois negros com botas de trabalho e calças de xadrez, daquelas de cozinheiros de comida rápida, atravessaram com uma bola de basquete, interrompendo o jogo.

— Rápido! — um dos meninos gritou com atrevimento, e em resposta os cozinheiros caminharam ainda mais devagar, andando muito à vontade com passadas exageradas.

— Está bom assim, rapazinho? — gritaram de volta, e todo mundo caiu na risada.

Logo chegou um garoto com um bastão de beisebol, e o grupo decidiu que tinha chegado a hora de jogar de verdade. Mas, depois de se dividirem, viram que o menino do bastão tinha somado um número ímpar e, obviamente, não seria ele a cair fora, nem ninguém estava a fim de sair. Foi quando um dos garotos se virou e me viu de pé na cerca.

— Está a fim de jogar? — ele perguntou.

O garoto olhou para mim, a expectativa estampada no rosto. Os outros esperaram também. Além deles, eu via os cozinheiros arremetendo a bola de basquete.

— Estou com uma bisnaga de pão — eu disse, achando que compreenderiam, mas no momento em que falava, já senti minha mão soltando a sacola. Ouvi o som do pão caindo no chão.

Eu deveria ir para casa, pensei.

— Eu jogo — afirmei.

E assim, noite adentro, corri no concreto, caçando uma bola de tênis até chegar a hora de o menino do bastão ir para casa. E quando cheguei ao parquinho no dia seguinte, mais cedo do que no dia anterior, hesitei só por um breve momento antes de entrar na refrega e lutar por aquela bola esquiva, como se ela fosse minha por direito divino. Quando choveu no outro dia, leve mas firme, não desesperei e fiquei no parquinho com os outros garotos, patinando sem cuidado sobre a superfície

215

úmida, atirando ao vento a cautela. Quando me choquei contra um garoto chamado Eric e caí pesado no chão, eu já me tornara parte do tecido daquela turma de bairro. "Que merda, Saïd!", os outros gritaram. Eric era um ano mais velho do que eu, mas mais baixo, com cabelo crespo e pés de pombo, de mãe branca e pai negro. Ele tinha também um irmão mais novo, e naquele dia mais tarde, no quarto deles, encenamos aquele encontrão, agora em câmera lenta, nos torcendo e caindo na cama. Depois, nós três fomos para o sofá da sala ver filmes na televisão a cabo, nos empanturrando com sanduíches de manteiga de amendoim e geleia.

Minha transição para além da solidão foi tão imediata, tão rápida, que não se pode chamá-la de transição. Além de Eric e seu irmão, fiz boa amizade com um garoto chamado David, que usava óculos coloridos, tinha um cachorro chamado Zorro, e cujo pai dispunha de ingressos para a temporada dos Steeler, tendo me levado num domingo para vê-los bater os Rams. E havia Jay, com uma ampla coleção de quadrinhos e um cabelo estilo afro macio, do qual ele tinha o maior orgulho e estava sempre penteando. "Meu cabelo!", ele gritava toda vez que eu ousava tocá-lo, o que eu tinha sempre vontade de fazer. Foi a coleção de cartuns de Jay que me levou a furtar de uma 7-Eleven e a partir de onde fui caçado pelo caixa por cinco quarteirões — "Alguém segura o garoto" — correndo, escorregando e me escondendo no subsolo do prédio de Jay. E havia Erik, baixinho, com ar de querubim, que sonhava um dia ser piloto, e que eu apelidara de Keebler, por causa dos duendes do comercial de biscoitos Keebler, de maneira a diferenciá-lo de Eric. E finalmente havia John, educado, de fala macia, um gênio para inventar atividades imensamente criativas como caçadas ao tesouro e crimes de mistério. Nos fins de semana, eu às vezes passava a noite em sua enorme casa vermelha, acordado até depois de meia-noite, comendo biscoito e tomando refrigerante, para depois levantar dolorosamente de madrugada, tropeçando pelo caminho, enquanto ele entregava os matutinos de porta em porta. Foi numa dessas noitadas que ele me pegou escandalosamente me masturbando embaixo das cobertas.

— O que você está fazendo?

— Nada.

— Está, sim.

— Não estou.

Não tem importância. Observar-me de cima durante esse período é me ver leve e sem pressão da parte de ninguém, traquinando por um bairro de Pittsburgh, indo de casa em casa, todas abertas e acolhedoras, ninguém ligado no meu nome peculiar ou de onde eu vinha — até quando eu admitia que minhas origens eram iranianas. Todo dia de manhã, Eric tocava minha campainha, e juntos caminhávamos até a escola, às vezes encontrando com Keebler, ou Jay, ou John. Uma vez que eles estavam todos em outras séries ou outras turmas, em geral eu não os via durante o dia, mas de tarde a gente se encontrava de novo para ziguezaguear para casa, jogando uma bola de futebol ou bolas de neve, transformando uma caminhada de 15 minutos em um passeio de uma hora.

Ainda não havia trégua da política raivosa e incessante que continuava perseguindo minha mãe e a mim mesmo. Os comícios, as vendas de *O Militante*, as reuniões, as reuniões de emergência, as conferências. Aqueles foram os anos Reagan, e os anos Reagan foram piores para a classe trabalhadora do que os anos Carter. As perspectivas se encolheram. O futuro escureceu. Havia uma guerra civil em El Salvador, e os Contras na Nicarágua, e 11 mil controladores de voo em greve foram sumariamente demitidos. Havia a Reagonomia, a Guerra às

Drogas e 10% de desemprego. Foi nessa época que minha mãe me deixou sozinho em casa no fim de semana para participar de uma manifestação pelo desarmamento nas Nações Unidas. Poucas horas depois da saída dela, perdi minha chave no parquinho e, incapaz de voltar para meu apartamento, passei as duas noites seguintes na casa de Eric, comendo sanduíches de manteiga de amendoim e geleia, feliz da vida, e vendo televisão a cabo. Agora foi a vez dela de ficar petrificada ao voltar para um apartamento vazio. "Fiquei tão preocupada quando não o vi!" Foi nessa época também que compareci a um evento para levantar fundos em apoio de algo, ou contra algo, e onde, com o consentimento de minha mãe, um camarada me passou uma nota de 10 dólares, soprando que eu deveria anunciar que gostaria de fazer uma doação. "Por quê?" Mas nem minha mãe nem o companheiro souberam explicar. Sob um coro de vozes adultas, me ergui e gritei: "Dez dólares!" A minha volta, todos os companheiros urraram em aprovação. Vejam, gritaram uns para os outros, vejam, até os jovens compreendem a nossa luta.

Uma tarde, arrastei para fora do armário da frente todos os *Militantes* e fechei a porta. De imediato, o apartamento, por este simples ato, transformou-se radicalmente. Tive uma sensação parecida com a que tinha quando os vidros das janelas eram lavados, ou as paredes pintadas, e eu achava que, de repente, estava vivendo em um apartamento completamente diferente.

No chão da sala de estar, sentei e comecei a organizar os exemplares em ordem cronológica. Havia centenas de *Militantes*, e muitos deles tinham desbotado, ficado quebradiços e empoeirados. Mas estavam todos lá: 1971, 1972, 1973... O boicote da uva, Watergate, a Guerra do Vietnã, a Emenda pelos Direitos Iguais, o transporte antissegregação. Os *Militantes* faziam a crônica de nossas vidas, e à medida que os punha em ordem, eu sentia como se estivesse revendo um diário. Lembro dessa manifestação, me passava pela cabeça. Lembro dessa invasão americana.

Dei com velhos artigos e resenhas de livros escritos por minha mãe. "Mães e crianças de NY ocupam gabinete de creche." "Como as creches ajudam as crianças." "Literatura infantil não sexista." E encontrei uma fotografia de minha irmã, tirada quando ela estava com uns 16 anos, numa passeata com um pequeno grupo em frente a um tribunal federal de Nova York, com um cartaz que dizia: "Abaixo a perseguição da Imigração (INS). Chega de deportações." Na foto, minha irmã está toda avacalhada, parece que fugiu de casa, seu longo cabelo castanho grudado na cabeça por causa da chuva, as roupas grandes e folgadas, mas ainda com um sorriso no rosto.

O trabalho de organizar os jornais levou horas, e a tinta da impressão manchou meus dedos primeiro de cinza, depois de preto. Eu não havia planejado bem e toda hora perdia a noção do que estava em qual pilha, ou então descobria que tinha duas pilhas diferentes para o mesmo ano, ou que por engano tinha juntado exemplares de anos diferentes. Mas eu estava determinado a terminar o que começara e continuei, organizando e reorganizando, o ar da sala cheirando cada vez mais a bolor e poeira. À medida que eu progredia, as palavras se levantavam das páginas, se embolando e dançando e repetindo.

"Luta."

"Urgência."

"Combate."

"A sua luta é nossa luta."

"Golpe."

"Ataque."

"Esmagar."

"Vinte mil mortos."

"Cem mil mortos."

"Seis milhões de mortos."

"Menina negra de 9 anos baleada por racistas da Geórgia."

"Ajudem a espalhar a verdade."

"Nós dissemos a verdade."

"Com medo de ouvir a verdade."

"A verdade sobre o Afeganistão."

"Nós mostramos."

"Nós revelamos."

"Eles mentiram."

"Mentiras, mentiras e mais mentiras."

"Chega de mentiras!"

"Abaixo as mentiras e os segredos!"

"Abram as portas!"

"Revelem o que está oculto."

"Distorções."

"Mitos."

"Acobertar."

"A história que tentaram esconder do povo americano."

Meus olhos ardiam e vidravam com essas palavras.

Quando finalmente terminei, esperei ansiosamente que minha mãe chegasse em casa do trabalho e, quando chegasse às 17h30, ela visse da porta aquelas pilhas, maravilhada.

— Não acredito! — ela disse. — Que incrível o que você fez!

E depois, juntos, ela e eu arrumamos as pilhas em pacotes com todo capricho, amarramos tudo com cordões e os levamos ano a ano de volta para o armário, até que este ficasse completamente cheio e de novo a porta não fechasse.

28.

TODOS OS GRANDES revolucionários vão para a cadeia. É uma característica definidora de suas biografias. Soma à sabedoria deles. Passa a ser parte deles mesmos. Trotski foi para a cadeia. Assim como Lenin, Malcolm X, Fidel, Che, Debs, Rosa Luxemburgo. Jack Barnes nunca foi para a cadeia, mas há sempre exceções à regra.

Meu pai foi preso em 21 de novembro de 1982, no que devia estar lhe parecendo, quando começou, um dia bastante comum. Ele escolhera essa manhã para fazer uma visita ao ministério em Teerã e, respeitosamente, inquirir sobre uma permissão para voltar a imprimir seu jornal, *Determinação*. Em maio do mesmo ano, ele fora chamado para interrogatório pelas autoridades e lhe disseram que cessasse a publicação de uma vez por todas. Ele acatou a exigência imediatamente, mas seis meses se passaram, seis meses de ócio político, e talvez meu pai tenha pensado perceber algo de mais brando na pinta dos clérigos. Foi assim que, naquela manhã de novembro, se levantou da cama cheio de esperança e abriu seu caminho por aquelas ruas desesperançosas de Teerã, por mulheres veladas, por desempregados, pelo lixo descoberto, pelos meninos partindo para a guerra, e entrou pela porta do ministério, chapéu na mão e sem gravata

Foram companheiros no Irã que contaram a companheiros em Nova York, que contaram a minha irmã, que contou a minha mãe, que me contou, quando cheguei em casa aquela noite, depois de jogar futebol.

"Mahmoud foi preso", disse ela, sentada em sua cama na sala, abraçando os joelhos contra o queixo. Embora estivesse escuro, não tinha se dado ao trabalho de acender a lâmpada, e seu rosto estava iluminado soturnamente, meio na sombra, meio na luz. Fiquei em pé na entrada, olhando para ela, com meu casaco e luvas, estupefato mais pela menção ao nome de meu pai do que pela notícia de sua prisão. Quanto tempo fazia desde que eu ouvira seu nome pela última vez? Foi o rosto de minha mãe, no entanto, inchado de medo e lentamente desaparecendo na escuridão, que fez a inquietação se espalhar pelo meu corpo. Já não importava mais quanto tempo fazia que eu ouvira o nome dele pela última vez.

Onde meu pai estava detido? Quais eram as acusações contra ele? Quando seria levado a julgamento. Não sabíamos. Não sabíamos de nada. Nem poderíamos fazer nada, se soubéssemos. Tudo que podíamos fazer era esperar.

E mandar um telegrama.

— Vamos mandar um telegrama — disse minha mãe na segunda-feira seguinte, durante o café da manhã.

Fui atrás dela para a sala de estar. A Rádio Pública Nacional noticiava assuntos triviais e inconsequentes, ela esticou o braço e desligou o aparelho. No chão, o telefone, como sempre entre um pote de plantas e uma pequena estante, minha mãe ajoelhou-se diante dele, com as costas para mim. O número era longo, e árduo, o processo de discar, e ela a toda hora errava ou era desconectada — "Alô? Alô?" —, e aí tinha que começar tudo de novo, o longo, lento desenrolar do giratório, muitos noves e zeros. "É aí que mando um telegrama? Alô? Quero mandar um telegrama ao presidente do Irã. Isso. Alô?" E ela então esperava enquanto alguém era conectado. "Sim Hojatolislam Ali Khamenei", ela disse, tensa. "Hojatol — Ho-j..." Soletrar o nome do presidente era como discar o número. Uma vez terminada essa etapa, houve outra longa pausa, mais longa que a primeira, enquanto algum mecanismo era posto em funcionamento do outro lado. Ao lado dela no chão, havia uma declaração preparada por alguém do partido. Em vez de pegar o papel e colocá-lo em frente ao rosto, ela se curvou em sua direção, enroscando-se ainda mais no chão, até tomar a forma de uma bola.

"Eu apoio a revolução iraniana", ela leu, "e me oponho às ameaças do governo americano contra ela". Seu tom era firme e declarativo, com uma dureza que me fez pensar se o telefonista era de confiança. "Faço um apelo ao senhor pela libertação de Mahmoud Sayrafiezadeh... M-a-h..." E aí começou o processo de soletrar aquele estranho primeiro nome, seguido pelo sobrenome ainda mais colossal e esquisito, "S-a-y — S de Sam — a-y — yes, y de 'yellow' — r..." Um processo interminável, exaustivo para todos os envolvidos, especialmente o telefonista. Quando o nome foi enfim soletrado corretamente até a última letra, ela recomeçou.

"Faço um apelo ao senhor pela libertação de Mahmoud Sayrafiezadeh, que está neste momento preso em Teerã. Ele é um membro do Partido da Unidade dos Trabalhadores e um firme combatente contra o imperialismo e o Xá. Ele é inocente de qualquer crime. Rogo-lhe que acelere a libertação de Sayrafiezadeh — S-a-y... — o que fortaleceria a revolução iraniana aos olhos do mundo."

Era tudo? Era tudo. "Muito obrigada", disse minha mãe ao telefonista. Quando ela desligou, permaneceu ajoelhada no chão, inerte, a cabeça baixa. O pedaço de papel ao lado, inútil agora, como um cartucho usado. Continuei de pé atrás dela, sobre ela, olhando-a pelas costas. Eram as costas de uma mulher idosa ainda por completar 50 anos. Senti o impulso de montá-la como um macaquinho, como eu fazia quando era pequeno, mas sabia que agora ela não suportaria meu peso.

Foi o som da campainha que nos despertou e nos levou de volta àquela manhã de segunda-feira. Era hora de ir para a escola. Juntei meus livros enquanto minha mãe preparava meu lanche com toda pressa. Eric estava esperando por mim perto da escada, na entrada do prédio, o rosto pressionado contra o vidro da portaria para eu ver a forma cômica que tomavam seu nariz e lábios, esmagados e achatados.

— Olhe para mim — disse ele através do vidro —, sou uma rã dentro de um frasco.

Depois do envio do telegrama, minha mãe e eu não fizemos mais menção à prisão de meu pai, pisando educadamente um em volta do outro, como amigos que dividem um quarto e um estranho segredo. Na hora do jantar, falávamos de outros assuntos.

— Como foi a escola hoje?

— Tudo bem, mãe.

— Você foi bem na prova de Matemática?

— Bastante bem.

Dias passaram. Um após o outro. Exatamente como a crise dos reféns. Só que agora ninguém mais estava a par, somente eu. No apartamento de Keebler jogando Atari, ou na casa de John comendo Twinkies, em silêncio eu levava comigo o meu mistério. De vez em quando, até esquecia dele. Era fácil, porque nada havia mudado em minha vida. Mas quando eu voltava para casa ao fim do dia e destrancava a porta e via minha mãe de pé na cozinha fazendo o jantar, de repente me lembrava de tudo. Hoje, eu pensava, hoje saberei que ele foi executado. E eu me preparava para a notícia, para minha mãe se virar com lágrimas nos olhos e dizer... Mas, não, não havia notícias. Cada dia era como o dia de ontem. Por quanto tempo teríamos que continuar esperando? Lentamente, minha ansiedade começou a se transformar em algo como expectativa, e lentamente a expectativa transformou-se em desejo: eu estava querendo a execução do meu pai, sua eliminação de minha vida — final e para sempre. Seria um fim espetacular para a história, uma justa conclusão que validaria o poder de suas ideias, confirmaria seu legado e o colocaria no panteão. Forneceria para mim uma maneira de explicar por que ele desaparecera de minha vida. Ele seria lembrado como o homem que estaria aqui se pudesse estar aqui. Morte nas mãos de seu captor era a maior aspiração de qualquer revolucionário; menos que isso pareceria que ele fez alguma concessão ao longo do caminho. Quando Che, fraco e sofrendo de asma, foi finalmente capturado na selva boliviana por forças especiais que conseguira enganar por meses a fio, ele permaneceu desafiador. "Eu sei que você está aqui para me matar", disse ao soldado que chegara para executá-lo. "Atire, covarde, você vai só matar um homem."

Era de noite, na cama, com minha mãe fora para suas reuniões, que a visão assombrada de meu pai sofrendo na prisão vinha à tona. Sem informação sólida em que me basear, minha mente pintava a tela por sua própria conta. Imaginava a prisão de meu pai não como a infame prisão Evin, onde eram mantidos os presos políticos do Irã e que Walter Cronkite às vezes nos mostrava no noticiário da noite, mas como a prisão que minha mãe me levara a visitar quando eu tinha 9 anos. Chamava-se Penitenciária Western e situava-se na parte norte de Pittsburgh, uma curta viagem de carro cruzando o Rio

Allegheny. Numa tarde de inverno, minha mãe e eu fomos lá visitar Stanton Story, um negro de cerca de 25 anos, condenado à prisão perpétua por matar um policial. "Uma armação", disse-me minha mãe. Duas vezes ele foi a julgamento e duas vezes condenado à morte, mas a Suprema Corte da Pensilvânia decidira comutar todas as penas de morte, e sua vida foi poupada.

Muitas vezes, quando eu estava andando por alguma rua com minha mãe, ela parava abruptamente, tirava um panfleto da mochila e o pregava em um poste telefônico. *Liberdade para Stanton Story*. Com um parágrafo explicando a óbvia injustiça de seu caso, o racismo da polícia, da mídia, do sistema judicial americano, e finalmente um parágrafo explicando como tudo isso era o resultado do capitalismo. Pelo que me lembro, Stanton Story foi sempre uma causa fundamental para a seção de Pittsburgh do Partido Socialista dos Trabalhadores — minha mãe e seus companheiros tendo se encontrado com ele em várias ocasiões — e, na época da minha visita, havia a expectativa real de que, depois de quatro anos de prisão, ele estava perto de conseguir um novo julgamento e ser libertado.

Do exterior, a prisão me lembrava minha escola, limpa e moderna. Na frente, havia uma lata de lixo marrom que igualmente me era familiar. Dentro, fomos fazer fila com outras famílias, que também esperavam para ser admitidas. Assim que o guarda localizou nossos nomes na lista de visitantes, minha mãe e eu colocamos todos os nossos pertences em um armário pequeno, passamos por um detector de metais e entramos numa ampla sala cheia de homens vestidos de cinza. As histórias que minha mãe me contara fizeram-me imaginar Stanton Story como um adolescente pequeno e subnutrido, mas quando ele foi conduzido até a gente fiquei surpreso ao ver como era alto, musculoso e bonito. Ele apertou minha mão com vigor. "Ouvi falar muito de você", afirmou. Ao longo da parede, encontramos três cadeiras viradas para a sala. Sentei ao lado de minha mãe, e minha mãe ao lado de Stanton Story. A primeira coisa que ela fez foi atualizá-lo sobre o que o Partido Socialista dos Trabalhadores estava fazendo pelo caso: as reuniões, as cartas enviadas pelo correio, os protestos. Eles estavam planejando também se unir com um grupo da comunidade negra para fazer um lava-carros, que levantaria fundos para os custos legais do processo de Stanton Story. Isso soava promissor. Depois, Stanton Story contou a ela as últimas notícias de seu advogado com relação à polícia, às provas, às testemunhas.

Lá pelo meio da visita, minha mãe me deu dinheiro para comprar um saco de batata frita para Stanton Story e o que eu quisesse para mim. Abri meu caminho por homens, mulheres e crianças até o outro lado da sala, onde me vi diante de uma fileira de máquinas de vender batatas fritas e outras. Enfiei as moedas e puxei a alavanca para as batatas de Stanton. Pelo visor, eu acompanhava o saco sendo puxado até a borda e caindo. Depois, fui direto para a máquina de sorvetes, com fotos de todas as opções, mas não entendi como fazer a escolha.

— Vamos ter que descobrir isso da próxima vez — disse minha mãe, quando voltei para ela e Stanton.

— Tudo bem — disse Stanton Story —, posso mostrar a ele.

Assim, voltei às máquinas, agora atrás dele. Suas roupas pareciam pijamas. Na máquina de sorvetes, ele disse: "Tudo que você tem que fazer é botar o dinheiro aqui e apertar aquele botão de lá." Em vez de eu mesmo pôr as moedas, dei o dinheiro a ele, mas, quando o fiz, Stanton se recolheu como se eu houvesse acendido um fósforo em sua pele. "Não posso tocar em dinheiro!", exclamou. Eu não podia conceber tal coisa. Era patético, quase cômico. Mas ele agiu com apreensão genuína, pânico genuíno. Nunca antes eu vira um adulto tão apavorado, e por minha vez também entrei em pânico. Estiquei o braço, rapidamente enfiei o dinheiro na fenda, a máquina o registrou, e então Stanton Story me perguntou que sabor de sorvete eu queria. "Chocolate." Ele me mostrou qual botão apertar para chocolate.

Quando acabou a visita, Stanton Story disse algumas palavras a minha mãe e apertou minha mão mais uma vez. "Espero vê-lo de novo", ele disse. Minha mãe e eu observamos enquanto ele foi conduzido através da porta. A porta tinha um visor, assim, depois que se fechou, continuamos vendo-o de pé ali, à espera de que os guardas processassem alguma informação. Esperamos enquanto ele esperou. E logo ouvi o som familiar de início de choro da minha mãe, que buscava um lenço de papel no bolso, enquanto resmungava de maneira que só eu ouvisse: "Filhos da puta. Filhos da puta. Filhos da puta."

Ao longo dos anos, a lembrança dessa visita vinha à minha mente nos momentos mais incongruentes, e eu ficava pensando em Stanton Story ainda sentado lá na prisão, à espera de algum dia ter um novo julgamento. Enquanto ia de ônibus para a escola, por exemplo, pensava: eu no ônibus da escola, ele ainda preso. Ou enquanto jogava pingue-pongue com Daniel, ou andando pela Plaza de la Revolución, ou, vinte anos depois, sentado nos escritórios de Martha Stewart: eu aqui fazendo rótulos para vasos de plantas, e ele ainda na prisão.

Quando terminou todo o processamento das informações, Stanton Story virou-se uma última vez e acenou para a gente pelo visor, um aceno otimista, e eu acenei de volta. Depois, ele foi conduzido por uma segunda porta e saiu de nosso campo de visão.

E assim, de noite, deitado na cama, eu imaginava que era meu pai acenando por uma última vez antes de ser conduzido pela segunda porta. O que havia além da segunda porta, eu só podia adivinhar. Era terrível, fosse o que fosse. Não apenas fome, medo e tristeza pelo meu pai, mas fome, medo e tristeza infinitos. Uma eternidade disso tudo. E nada que alguém em lugar algum pudesse fazer por você. A não ser mandar um telegrama.

Em dezembro, minha mãe e eu festejamos meu 14º aniversário com um bolo que ela assou. O forno embaçou as janelas e o aroma encheu o apartamento. Quinze velas acesas. "Uma para você crescer", disse ela. Comi duas fatias. Mais tarde, perambulei pelo apartamento como um animal na floresta caçando os presentes que ela escondera para mim. Era uma brincadeira que fazíamos desde que eu era pequeno, e sempre funcionava no sentido de prolongar minha expectativa por um tempo quase insuportavelmente delicioso.

— Está mais quente agora — ela provocava, enquanto eu dançava ansiosamente perto de um canto da sala, que me escondia uma surpresa impossível de desvendar mesmo que a procurasse pelo resto da vida. — Você está tão quente que vai até se queimar.

— Eis aqui, embaixo da estante!

Quando finalmente encontrei e desembrulhei tudo — uma agenda, uma enciclopédia de estatísticas de beisebol e um calendário para 1983 —, agradeci a ela.

Eu já estava mais alto do que minha mãe e tive que me curvar para o abraço, enquanto ela devia se esticar toda, os braços em torno do meu pescoço, puxando-me com força contra seu corpo.

— Feliz aniversário, Saïd.

Naquela noite, John veio dormir no apartamento, e ele também comeu duas fatias de bolo enquanto minha mãe o enchia de perguntas simpáticas. Sozinhos no meu quarto, tivemos a ideia de inventar uma curta peça de teatro, na qual um de nós seria um jogador de beisebol machucado, e o outro, um colega tentando convencê-lo a voltar ao esporte. Quando terminamos de aprimorar nossas falas, puxamos uma cadeira da sala e convidamos minha mãe a assistir à performance. Ela era uma boa plateia, atenta e capaz de apreciar, e a voz de John era suficientemente alta e clara. Ao final, com o jogador machucado se levantando da cama para dizer que daria a sua carreira mais uma chance, minha mãe aplaudiu de coração.

— Bravo! — ela disse. — Bravo!

Em janeiro, nevou, e todos os meninos do bairro se reuniram no parquinho para um jogo de futebol. O concreto ficou macio como um colchão, e esbarrávamos uns nos outros sem medo de nos machucarmos. O branco puro era magnífico.

E quando a neve derreteu uma semana mais tarde, Keebler, John e eu organizamos uma exploração da mata que corria ao longo dos trilhos do trem. Passamos o dia sovando o matagal, parando apenas para jogar pedras nos trens e para comer cereais Froot Loops, que John tivera a lembrança de levar.

E depois disso, uma manhã, acordei com o som do telefone. Tocou só uma vez. A conversa que se seguiu foi breve e abafada. "Saïd", chamou minha mãe. Ela estava na sala, sentada em sua cama desfeita, os joelhos contra o queixo, e sem preâmbulos perguntou:

— Qual seria a melhor notícia que eu poderia lhe dar neste momento?

Sem piscar de olhos, respondi:

— Que Mahmoud saiu da prisão.

— É isso — ela disse — foi solto.

E sorriu. E eu sorri. Leve e solto. O sorriso de uma mãe e um filho que se unem ao marido e ao pai. Sessenta e seis dias de separação. Foi tudo. Nem tão terrivelmente longo quando se pensa quão longo poderia ter sido.

E assim terminou a carreira política do meu pai no Irã. Não haveria mais Partido da Unidade dos Trabalhadores, nem *Determinação*, nem candidaturas. Também não haveria mais Partido dos Trabalhadores Revolucionários, nem Partido Socialista dos Trabalhadores. O primeiro partido trotskista em solo iraniano, que se transformara em três partidos trotskistas em solo iraniano, tinha virado zero partido trotskista no Irã. Khomeini cuidou disso. Uma vitória decisiva. Para meu pai, uma derrota decisiva. Ele fora transformado em um cidadão iraniano comum, um professor de matemática no máximo, andando pelas ruas de Teerã como todo mundo, sem nada de mais para fazer. Quase quatro anos passariam até que meu pai fosse mencionado novamente, dessa vez entrando em minha vida com um floreio para dar a notícia surpreendente e impressionante de que decidira voltar aos Estados Unidos, onde ele poderia retomar a luta por uma revolução socialista.

Foi talvez um mês, ou dois, depois de sua libertação, que minha mãe me mostrou uma pequena castanha marrom que chegara para mim pelo correio.

— O que é isso? — perguntei.

— Um caroço de tâmara — ela disse. E acrescentou que, se eu olhasse bem de pertinho, veria que no centro meu nome havia sido talhado em persa.

Olhei e só vi uns riscos indecifráveis.

Era do meu pai, ela explicou, que passara o tempo na prisão talhando três caroços de tâmara, um para cada filho.

— Vou guardá-lo na gaveta para você — disse minha mãe.

— Um lugar seguro — e ela abriu a gaveta de sua cômoda, pôs lá o caroço, e nunca mais o vi.

29.

KAREN E EU estamos namorando. Mantemos segredo no trabalho, o que cria uma sensação de excitação e ilegalidade. Algumas noites, vou para seu apartamento no Queens, ela sai do escritório apenas alguns minutos antes de mim, e, como espiões, marcamos um ponto na plataforma do metrô. Quando temos certeza de que a área está limpa, eu a abraço e balanço seu corpo no ar.

Em outras noites, pedalo minha bicicleta até o Village e encontro-a na rua 14, de onde caminhamos alguns quarteirões até meu apartamento. "Queria ser um gatinho para você me carregar em sua cesta", diz ela. E eu visualizo-a pequenina, fofinha, com um laço no pescoço.

Meu estúdio é equipado com máquina de lavar louça, micro-ondas, ar-condicionado, uma sala de ginástica no porão e um terraço no último andar de onde vejo o prédio do Empire State. O aluguel no meu prédio é tão exorbitante que só moram lá, quase exclusivamente, advogados e operadores financeiros, que devem pensar que eu também sou advogado ou operador financeiro. Estúdios, por exemplo, têm preços de aluguel que alcançam 1.600 dólares por mês. Eu, no entanto, pago o incrível montante de 412 dólares, muito menos do que pagaria até pelo mais dilapidado apartamento do Village. Um negócio que consegui graças ao Departamento de Habitação da Cidade de Nova York apenas dois anos depois de me mudar, quando não ganhava dinheiro algum. Havia

3 mil candidatos, me disseram, e somente 16 apartamentos disponíveis. Que milagre quando abri a carta de aprovação. Agora, tenho um salário consideravelmente mais alto, mas por lei o aluguel não pode aumentar, nem podem pedir que eu saia. Em vinte anos, reverterá ao preço de mercado, mas até lá não tenho ideia do que será minha vida. Por enquanto, trato o apartamento como se o possuísse e fosse morar nele pelo resto da vida. Sou seu primeiro morador, e ele está tão impecável como no dia em que me mudei.

Karen também adora meu apartamento e aprecia os pequenos detalhes que acrescentei, como as almofadas cor de lavanda, as venezianas de cerejeira e, sim, os porta-toalhas de metal escovado. E, de vez em quando, ela dá alguma ideia, tal como "você poderia se desfazer daquele abajur", referindo-se a uma luminária de pé, preta, de luz halogênica, pela qual paguei 15 dólares na Staples.

— Achei que era estilosa e minimalista — me expliquei.

— Não é — ela retrucou. — Parece luminária de consultório de dentista.

Assim, em um fim de semana, fomos à Filaments, na rua 13, lado Oeste, e escolhemos um abajur castanho-escuro, com uma cúpula de vidro fatiado, pelo qual paguei 150 dólares.

À noite, muitas vezes, malhamos na sala de ginástica onde nenhum outro morador é visto, o que nos faz sentir como se o espaço fosse uma extensão do meu apartamento. Ou vamos ao cinema, caminhando até o Film Forum. De mãos dadas e sem falar. O West Village, não importa a que hora do dia, é sempre tranquilo e romântico, as soberbas casas de pedra marrom, as ruas que se cruzam. De todas as ruas do West Village, acho que a minha, Jane Street, é a mais bonita de todas. E às vezes me pego maravilhado pela distância que percorri desde aquela rua onde morei uma vez e que também tinha nome de mulher, Ophelia Street.

Karen retomou sua produção artística. Não importa o diploma em marketing, não importa o trabalho como gerente de produção. A primeira coisa que você vê ao entrar em seu apartamento é uma moldura gigantesca triangulada perto da porta da frente. Nós a compramos juntos e depois passamos duas horas mudando toda a mobília para encontrar o seu lugar. Quando a visito, ela me mostra seus últimos desenhos ou colagens. Uma vez, coletou vários metros de papel higiênico dos banheiros de Nova York e com eles costurou um livrinho. "As estampas são bem bonitas quando você as olha de perto", ela me disse. Eu não sabia que papel higiênico tinha estampa, mas depois, olhando, vi que Karen tinha razão.

Quanto a minha carreira de ator, desisti. O último teste foi para um comercial de videogame, no qual, se eu tivesse sido escolhido, seria visto sentado numa tenda no deserto, com um turbante na cabeça e jogando Nintendo Snowboarding. "Te pego na próxima, Nintendo Snowboarding!", foi minha fala, com o sotaque que sempre adoto para os testes. Em minha mente, imaginei Daniel e Tab, onde quer que estivessem, gargalhando histericamente. Graças a Deus, não fui selecionado. E agora escrevo peças de teatro, bem melhor. Nas minhas horas vagas, sento-me à minha escrivaninha, em casa, e tento conceber gente interessante dizendo coisas interessantes sobre o drama no qual estão envolvidos. Sonho com estrelato e com uma casa de pedra marrom em Jane Street. Sobre minha escrivaninha, a foto em preto e branco do meu pai em um palanque, discursando sobre Che. Só mudou a moldura, agora preta, feita sob medida, para substituir a marrom original, que começou a ceder e rachar, depois de trinta anos. Quando o atendente da loja de molduras abriu-a e removeu a fotografia, caiu a etiqueta original. "Lar Feliz", dizia, "$ 1.37".

Karen está fazendo 28 anos. Para encontrá-la na plataforma do metrô, levo um balão de gás cor-de-rosa. "Adoro bolas cor de rosa", ela aplaude. "Como você adivinhou?" Em seguida, ela o amarra ao guidom. Quando andamos, vai para a frente e para trás.

Em meu apartamento, pedimos quesadillas e sopa de feijão preto do Benny's Burritos, porque é o que ela quer. Enquanto esperamos a comida, surpreendo-a com uma garrafa de champanhe. Sou tão novato com champanhe que a rolha pula no meu rosto e metade da garrafa vai borbulhando para o chão. Karen acha tudo hilariante. Me preocupo com a possibilidade de o assoalho ficar manchado para sempre. "Não se preocupe", ela diz, "é taco de madeira". Esfrego e esfrego o chão.

Quando acabamos de jantar, vou à cozinha e pego um bolo de sorvete com os dizeres "Feliz Aniversário, Candy". Chamo-a de Candy porque na gravação de sua secretária eletrônica do trabalho sempre ouvi "você ligou para Candy, na Martha Stewart..." Enfio duas velas no bolo, um 2 e um 8. Acendo-as e apago a luz. "Parabéns para você", eu canto. Ela roda e grita de surpresa. O 2 e o 8 brilham dramaticamente.

Seus presentes são um livro grande e colorido sobre o pintor Chuck Close e uma barra de sabonete charmosa. Ela folheia o livro e cheira o sabonete. "Hmmm." O sabonete é azul, tem uma flor gravada e vem numa caixa de madeira.

Depois, ponho o bolo no congelador, os pratos na máquina de lavar louça, e pegamos o elevador para o terraço. Sentamos em um banco, sua perna enrolada na minha, e olhamos para o Empire State. Esta noite, está apenas com uma luz branca, limpo e austero.

— Está bonito hoje — digo eu.

— Vamos sentar aqui e esperar as luzes se apagarem.

— Tudo bem.

— Obrigada pelo livro.

— De nada.

— Gostei do sabonete.

— Eu sabia que você ia gostar.

— Não vou usá-lo. Vou guardar.

Karen é de Paramus, Nova Jersey. Nascida e criada católica romana, em Mayfair Road. Seus pais estão juntos há trinta anos. Chuck e Barb. São professores escolares e deram duro a vida inteira. A casa deles é uma construção de dois andares, aconchegante, com uma garagem, um jardim, atapetada de ponta a ponta. Karen me contou histórias de como, durante o verão em que completou 8 anos, ela observou o pai derrubar uma macieira, quebrar o concreto da piscina com um martelo de cabo longo e estender a casa quintal adentro. Amigos, vizinhos e parentes vieram ajudar. E no verão em que ela fez 12, ele aplicou um novo alumínio no corrimão enquanto Karen se punha ao lado da escada e amarrava instrumentos a uma corda para que o pai os puxasse.

Se eu houvesse passado pela casa quando era criança, teria pensado: *Veja só, os bundões ricos.*

Cerca de um mês depois de começarmos a namorar, Karen me perguntou se eu me considerava um comunista.

— Acho que sim — respondi.

— E o que isso significa? — ela queria saber.

Comecei a explicar a ela como os trabalhadores eram explorados no capitalismo e como a riqueza ficava concentrada nas mãos de poucos, mas de alguma maneira nos desviamos do tema e nos vimos discutindo a possibilidade de, no comunismo, comprarmos sabonetes gostosos e outros produtos de beleza. "É claro", disse a Karen, mas não tinha muita certeza. Eu não sabia se no comunismo o objetivo era a absoluta abundância para todos ou as pessoas se desenvolverem no sentido de não mais cobiçarem coisas materiais. Ela não me deixou mudar de assunto e me fez mais perguntas que, aparentemente, eram muito elementares, como a diferença entre comunismo e socialismo. Para dizer a verdade, eu não tinha a menor ideia, mas dei uma resposta vaga sobre o socialismo levar ao comunismo, porque era o que me lembrava de minha mãe me explicar anos antes, quando perguntei a ela. Mas isso não foi suficiente para Karen como havia sido para mim, e ela continuou com seu interrogatório. Vinha sempre a vontade de responder com generalizações, ou com vários dados precariamente interligados, ou simplesmente desviar a conversa para território conhecido, em que eu pudesse falar com alguma autoridade. Fazer isso, porém, parecia imoral e imperdoável diante da autenticidade de Karen. Afinal, parei de tentar dar respostas e resmunguei para mim mesmo:

— Acho que não sei do que estou falando.

E ela respondeu, mais surpresa do que acusatória:

— É, parece que não sabe mesmo.

À meia-noite, e nem um segundo mais tarde, as luzes do Empire State se apagaram.

— Olhe! Olhe! — ela exclamou.

Nos levantamos, esticamos as pernas, passei meus braços em volta de sua cintura e puxei-a para mim. Sua cabeça bate exatamente no meu queixo.

30.

UM DIA, UNS poucos meses antes de eu completar 16 anos, minha mãe de repente fez o impensável: saiu do Partido Socialista dos Trabalhadores.

Assim, do nada, acabou tudo. Simples e sem ruído, por meio de uma carta, em que se desculpava e agradecia a eles ao mesmo tempo. Depois de quase vinte anos de militância, ela decidiu que já dera tudo o que tinha e não tinha mais para dar.

Não havia qualquer indicação de que ela estivesse considerando tal coisa. Eu nem sabia que tal coisa *podia* ser considerada. Apenas uma semana antes, eu a vira sair para fazer campanha o dia inteiro para Mel Mason, a candidata do PST à presidência dos Estados Unidos. Por trás da cena, porém, em algum momento em que ninguém podia ouvir, uma amiga, como se nada fosse, lhe fez a pergunta: "Alguma vez você já pensou o que faria com seu tempo livre, se deixasse o partido, Martha?" Foi assim que minha mãe explicou para mim. A simples pergunta de uma amiga a tinha levado à ação consciente.

— Gostaria de escrever — minha mãe respondeu.

Todas as noites e nos fins de semana, ela passou a escrever com determinação, batucando na máquina por horas a fio, criando e revisando até ficar satisfeita, depois pondo no correio um envelope cheio de esperança, endereçado a *Mademoiselle*, ou *Redbook*, ou a seu irmão, que então ensinava na Universidade do Estado do Arizona, pedindo comentários críticos.

E quando o último exemplar da assinatura de minha mãe de *O Militante* veio pelo correio, ela não se deu ao trabalho de renová-la. Os anos de acumulação tinham finalmente dado o que tinham que dar. Não muito depois disso, sem ver qualquer motivo para mantê-los em tal proximidade, ela me pediu para levar todos os pacotes de números velhos para o depósito do prédio. O que eu fiz alegremente, fechando a porta do armário e transformando o apartamento. No porão úmido, escuro e empoeirado, achei lugar para eles junto com a minha velha coleção de quadrinhos, minha coleção de selos, meus ursinhos de pelúcia — todas as relíquias do passado.

E depois nossas vidas se transformaram de outra maneira material: nós nos mudamos. Para o apartamento do lado, que era muito menor mas que tinha um quarto de dormir separado que minha mãe não precisaria atravessar para ir ao banheiro. Pela primeira vez desde os 8 anos de idade, eu teria alguma noção de privacidade. Mais tarde, pus uma tranca na porta. No fim de semana antes de nos mudarmos, minha mãe e eu fomos andando até a loja de tapetes, onde ela gastou um dinheirão com um macio tapete marrom para meu quarto. Já não havia camaradas a quem pedir que nos ajudassem na mudança, mas isso não tinha importância: eu já era fortinho bastante para dar conta do serviço. E assim o fiz, arrastando cada peça de mobília do apartamento 4 para o apartamento 5.

Foram novos começos para nós: portas de armário que fechavam, portas de quarto de dormir que podiam ser trancadas, histórias escritas até altas horas da noite. Mas dois andares abaixo, permaneciam *Os Militantes*. Guardados na escuridão. Por que exatamente nós os guardávamos? A referência de todos aqueles anos. Eles podiam ser atados, empacotados, transferidos para outro lugar, mas por que não podiam ser jogados fora? Porque nossa aliança e lealdade ao partido, uma vez tão absolutas, uma vez tão totalizantes, não podiam ser desfeitas com uma mera carta de renúncia.

O que significava que, quando minha professora passava cédulas em branco em minha turma de décima primeira série e nos dizia para votar, anonimamente, no candidato presidencial de nossa preferência, para mim só havia uma escolha. Depois de cada um de nós depositar seu voto, as cédulas eram coletadas pela Sra. Alexander, extravagantemente chacoalhados e redistribuídos sem ordem entre a gente. Um a um, meus colegas liam o nome do candidato que fora marcado na cédula anônima que tinham em mãos.

— Reagan.

— Mondale.

— Reagan.

Passava uma fileira de carteiras, depois outra, depois vinha a minha, e eu dizia alto o nome na cédula — Reagan —, e mais uma fileira, e outra mais, até haver uma pausa abrupta, o ritmo se alterar, e Connie ficar olhando para o pedaço de papel que lhe coube.

— Não sei — disse ela, quase inaudível. — Acho que é uma brincadeira — depois olhou para cima, meio perdida e acrescentou: — Alguém escreveu um nome para presidente.

— Então diga, Connie — estimulou a Sra. Alexander, sem dúvida satisfeita pelo paradigma da votação ter se estendido organicamente para incluir essa possibilidade.

Connie leu o nome na cédula com voz alta o bastante para todo mundo ouvir:

— Mel Mason, Partido Socialista dos Trabalhadores.

Houve outra pausa, como se todo mundo na sala tivesse inspirado e segurado a respiração ao mesmo tempo e, em seguida, como obedecendo a uma deixa, posto o ar para fora e caído na gargalhada simultaneamente. Uma gargalhada íntima, longa, alta. Todo mundo rindo na sala, inclusive a Sra. Alexander.

Os envelopes que minha mãe mandava para *Mademoiselle* e *Redbook* retornavam sem mágoas. Determinada, ela mandava outros para outras revistas, só para vê-los voltar também. Talvez a ficção não fosse seu forte, seu irmão aconselhava, enquanto ele festejava a publicação de mais um romance para somar à sua estante particular. Noite adentro, eu ouvia o batucar, os dedos fortes contra as teclas, o ruído, as teclas... mas vinte anos não seriam redimidos em seis meses. Vinte anos não seriam redimidos em vinte anos. Minha mãe era agora a mulher que podia ser, a mulher que se tornara uma secretária e que passou a se consolar ao longo dos anos refestelando-se na sombra doce da fé política.

— *Quando ela vai chegar, mãe?*

— *Logo.*

— *Eu vou ter 11 anos?*

— *Não.*

— *Dezoito.*

— *É, Saïd, isso. Você vai ter 18. Quando você tiver 18 anos, a revolução vai acontecer.*

Meus 18 estavam chegando rapidamente.

31.

O SUPERMERCADO DO bairro me contratou para pôr as mercadorias nas sacolas por $3.35 a hora. Depois de um mês, aumentou para $3.45. Era um supermercado enorme, como um terminal de aeroporto, com alas sem fim de frutas e legumes, caixas e latas, arrumadas até o alto nas prateleiras. O gerente era um homem grosseiro, de cabelo branco, chamado Al Sandonata, que primeiro me pareceu mal-humorado, depois tirânico. Todos os empregados morriam de medo dele. Logo de cara, ele me repreendeu duramente por causa do proibido método de "sacola dupla", e outra vez, espertamente, me pegou batendo o ponto do intervalo com três minutos de atraso e me pôs para fazer a faxina atrás do compactador de lixo. Minha mãe adorava ouvir essas histórias, achava-as deliciosas, porque confirmavam tudo o que ela sempre me dissera a respeito de chefes.

Apesar de Al, apesar do tédio irremediável que vem com o fato de ficar em um lugar quatro horas por dia pondo objetos em sacos de papel marrom, eu na verdade gostava do meu trabalho. Gostava de ter um bom motivo para ficar longe do apartamento e da minha mãe e de ter que usar gravata, como se fosse um contador, e de ter que bater ponto, como se fosse um siderúrgico, e de ter comida a minha volta como uma cadeia de montanhas — comida que eu acabava roubando um pouco. Mas, principalmente, eu gostava das colegas do caixa. Especialmente, Giuliana, bonita, morena, italiana e cinco anos mais velha.

— Boa tarde, Saïd — ela dizia quando eu chegava perto de sua máquina registradora, seu sotaque fazendo com que meu nome soasse lânguido e sugestivo, fazendo com que eu até gostasse de me chamar Saïd. — Como foi na escola hoje, Saïd?

— Boa tarde, Giuliana — eu respondia, tentando não olhar seus lábios.

Eu já havia beijado meninas, mas nunca beijara uma mulher, e ficava me perguntando como seria.

E, pelas quatro horas seguintes, conversávamos sobre meus últimos anos de escola e sobre a faculdade dela, e sobre por que a Itália era melhor do que os Estados Unidos, e por que os Estados Unidos eram melhores do que a Itália, uma conversa sem fim que não era interrompida quando os clientes chegavam com suas compras, pagavam a conta, pegavam as sacolas marrons e iam embora. Ao fundo, Al, encarapitado como uma coruja atrás do vidro de sua sala de atendimento ao cliente, observando tudo.

Se eu não era designado para a caixa de Giuliana, fazia de tudo para trocar com o empacotador que ficara com ela, e se não conseguia trocar, ficava observando-a contabilizar as compras, pegar o dinheiro, dar o troco, cada movimento impossivelmente mais sexy do que o outro. E quando havia um breve intervalo entre os clientes, cinco segundos de descanso, ela se virava e nosso olhar se cruzava.

Numa noite fria, cerca de quatro meses depois de eu começar no supermercado, aconteceu de sairmos à mesma hora, e ela me ofereceu uma carona.

— Quer uma carona, Saïd?

A pergunta me deu tesão. O tesão me fez tímido.

— Você está de carro?

— Não, bobinho, uma carona de bicicleta.

244

Estava começando a chover quando largamos o serviço, e corremos à toda pelo estacionamento. Eu via o cabelo dela balançar de um lado para o outro. Dentro do carro, os pingos da chuva batucavam levemente na capota.

— Diga o caminho — ela comandou.

— Vá por aqui — digo —, não moro longe.

Bem que gostaria de morar longe.

Deslizamos pelas ruas vazias e escuras. Minha mãe deve estar dormindo, pensei. "Vire aqui", disse. "Pode ir reto", comandei. Olhei suas mãos ao volante, dedos finos, longas unhas vermelhas. Quando chegamos a meu prédio, em vez de parar na frente, ela procurou um lugar para estacionar. Três quarteirões adiante, encontrou uma vaga e estacionou, mas deixou o motor ligado. A chuva batucava mais forte.

Ela girou um botão no painel, e os faróis se apagaram. "Estou triste hoje", disse Giuliana. Depois olhou através do para-brisas, suas mãos posicionadas no volante como se ainda estivesse dirigindo.

— Você ouviu a notícia sobre os terroristas que sequestraram um navio italiano? — perguntou.

Fiquei tenso ao ouvir a palavra "terrorista".

— Acho que meu pai conhecia uma pessoa que conhecia uma pessoa no navio.

Sim, eu ouvira algo pela manhã, vagamente, com indiferença, as notícias chegando pelo rádio sobre palestinos que tinham aprontado alguma em um navio.

— Triste — eu disse.

Será que eu deveria acrescentar algo sobre a luta palestina pela autodeterminação?

— Eles atiraram aquele judeu no mar. Você ouviu? O homem na cadeira de rodas?

— Triste — repeti.

— O mundo é triste — ela ecoou.

Ficamos ali sentados sem dizer nada por um tempo. A chuva atenuou um pouco. Finalmente, ela disse:

— Pensei um bocado, Saïd, e decidi que sou muito velha para você.

— É?

— Sou.

— Vou me formar este ano — eu disse.

Essa declaração a fez rir.

— Está ficando tarde — ela disse. — Está na hora de ir.

Ela deu a partida no carro, mas não saiu da vaga. Fiquei pensando se deveria me oferecer para andar os três quarteirões, já que não estava mais chovendo tanto. Finalmente, ela se inclinou, puxou-me para ela e me deu um beijo na boca.

Naquela noite de sexta-feira, Al me pegou fazendo sacola dupla na caixa de Giuliana e ameaçou me demitir no ato. "Estou pensando em te demitir neste momento", afirmou. Ele parecia estar falando sério. A primeira coisa que me passou pela cabeça foi que não veria mais Giuliana. Olhei para ela, que fingiu estar ocupada com as mercadorias passando na caixa. "Venha comigo", disse Al. Fui atrás dele obedientemente, com a cabeça leve. Seu corpo largo abria caminho pela multidão de consumidores. Paramos em frente à cabine de atendimento ao cliente, onde ele anunciou em alto e bom som para ninguém em particular: "Vou para a sala de trás com o Saïd. Estou pensando em mandá-lo para a rua imediatamente." Uma mulher pôs a cabeça para fora do visor e depois retirou-a. A sala de trás estava repleta com as mercadorias do fim de semana. Paletes de caixas uns em cima dos outros até o teto. O pessoal do turno da noite, que ia pegar a seguir, estava refestelado sobre os caixotes de leite, mas eles pularam ao ver Al e arrumaram com que se ocupar. Nos colocamos entre duas imensas torres de Pepsi.

— Por que você estava fazendo sacola dupla? — ele perguntou de novo, agora só curioso.

— Não sei, não, senhor — respondi, sem olhá-lo nos olhos, olhando para sua gravata.

— Você sabe quanto custa cada sacola de papel?

— Não, senhor.

— Adivinhe.

— Vinte e cinco centavos?

— Um centavo cada — ele afirmou, a voz subindo. — Quanto custaria se cada empacotador fizesse sacola dupla todos os dias, o dia inteiro?

Ele falou de uma maneira que parecia se referir a um número que eu deveria conhecer.

— Não sei, não, senhor.

— Você acha que daria muito dinheiro?

— Sim, senhor.

— Estou pensando em demiti-lo.

— Sim, senhor.

— O que diriam seus pais se eu o demitisse?

Minha mãe estava sentada no sofá, escrevendo seu diário à luz do abajur, quando cheguei em casa. Contei a ela o que aconteceu. Ela meneou a cabeça como se já soubesse.

— Chefes são assim — disse ela. — Ameaçam dessa maneira para mantê-lo na linha —, e deu de ombros.

Fui para meu quarto e tranquei a porta. Naquela noite, dormi mal e acordei antes de o despertador disparar. Eram seis horas e logo eu teria que voltar ao trabalho. Quando abri a porta do quarto, me assustei ao ver minha mãe de pé na sala, de camiseta e calcinha.

— Seu chefe pensa que você é árabe — ela disse como se nada fosse.

— O quê, mãe?

— Estou dizendo que seu chefe pensa que você é árabe — seu rosto estava pálido e seus olhos, vermelhos, como se ela tivesse passado a noite toda pensando no assunto. — Ele é italiano, acha que você é árabe e está furioso com o que aconteceu no navio.

— Eu estava fazendo sacola dupla, mãe.

— Não! Você quer me ouvir?! Estou lhe dizendo!

Vi seu rosto se transformar de volta no velho rosto da militante, vincado pela angústia e pela indignação diante da injustiça, aquele rosto que eu pensava ter desaparecido para sempre. Agora, estava ali de novo, olhando para mim. Tive medo daquele rosto, me perturbou.

— Tudo bem, mãe. Compreendo.

Mas ela não se deixava aplacar. Naquela calma manhã de sábado, começou a gritar o mais alto possível:

— ELE TE ODEIA! ELE PENSA QUE VOCÊ É ÁRABE! ELE TE ODEIA!

— Tudo bem, mãe, tudo bem. Você tem razão. Tudo bem.

Depois de um tempo, convencida de que eu estava de pleno acordo, ela parou de gritar e recuperou sua compostura.

Afinal, ela disse: — É melhor você sair para o trabalho.

Transei com Giuliana mais uma vez no seu carro antes de ela me dizer que tinha tesão em um cara de 22 anos da seção de frutas e legumes. "Ele pode me levar a boates." Escrevi a ela uma carta de amor, que lhe dizia coisas bonitas, mas não a ganhei de volta. Chegou novembro. Nas noites em que não estava trabalhando, jantava com minha mãe. Não lhe contei mais histórias sobre Al, mas conseguia diverti-la com anedotas sobre os fregueses e seus hábitos de consumo. "Conte de novo aquela sobre o sujeito que comprou 25 bisnagas de pão." Eu contava, ela ria e caía em silêncio, o som apenas dos talheres arranhando os pratos. Algumas vezes, eu levantava os olhos e a pegava mirando o espaço.

— O quê?... Ah... O quê?

Depois do jantar, eu ia para meu quarto, trancava a porta e fazia o dever de casa. Mais tarde, eu ouvia o teque-teque da máquina de escrever, enquanto ela criava histórias que nenhuma revista queria.

Uma noite, ao voltar do trabalho, mais ou menos às oito da noite, encontrei minha mãe profundamente adormecida na cama. Deitada de barriga para baixo, com as cobertas puxadas até o pescoço e o rosto virado para a parede.

Ela deve estar cansada, pensei. E fui para meu quarto.

Na manhã seguinte, porém, quando acordei para a escola, ela ainda estava na cama, na mesma posição.

Ela não vai ao trabalho hoje, pensei. Deve estar doente.

Tomei meu café da manhã na mesa da cozinha, a poucos metros dela, tentando ser rápido e não fazer barulho para não a incomodar. Quando terminei, pus os pratos na pia, tomei uma ducha, me vesti e saí para a escola, observando que ela não se mexera. E, quando voltei para casa à noite, encontrei-a de novo na cama. E também na manhã seguinte. Tenho certeza de que esta noite ela vai estar melhor, pensei.

Naquela tarde, enquanto minha professora de inglês tentava organizar um debate na turma, a assistente do diretor me convocou do corredor.

— Tem um telefonema para você — ela disse.

Andamos rápido até o gabinete, onde fui conduzido a uma sala lateral e deixado a sós com um aparelho de telefone. O telefonema era do gabinete do reitor do departamento de Belas Artes, e a pessoa do outro lado me contou que não tinham notícia de minha mãe há dois dias. Ela está bem?, queriam saber. Imediatamente, visualizei minha mãe na cama, de barriga para baixo, o rosto para a parede, e caiu a ficha que aquela não era a posição de uma pessoa adormecida.

— Está — eu disse. — Ela está bem. Vou dizer para ela ligar — e desliguei. — Tenho que ir embora — disse à assistente do diretor. — Tenho que ir embora já.

— Achei que você teria que sair.

Saí pela porta traseira. Ela bateu atrás de mim. Do lado de fora, estava sol, estava quente. Talvez o último dia quente do outono. É assim que está lá fora, quando estou dentro. Senti o impulso de correr, mas correr significava medo. Em vez de correr, caminhei com firmeza, uma passada após outra. Eu me vi chegando ao prédio, subindo as escadas, abrindo a porta, vendo minha mãe. O corpo frio ao toque. Os paramédicos me diriam que ela sofreu um ataque do coração. "Dois dias atrás", diriam. Anos antes, uma velha morrera no apartamento em cima da gente. A ambulância chegou, luzes e sirenes, passos pesados na escada. Por que essa possibilidade não me ocorreu, quando vi minha mãe na cama? Eu não sabia a diferença entre uma pessoa dormindo e uma pessoa morrendo?

Já estava dando para ver meu prédio, um quarteirão de distância apenas, verde com detalhes vermelhos. As janelas de nosso antigo apartamento abriam para a rua, e notei que o novo morador tinha posto cortinas floridas. Talvez minha mãe estivesse na mesa da cozinha com sua máquina de escrever.

250

"Apenas tirei uns dias de folga para terminar um conto", ela diria. "Tente não me atrapalhar." Pus a chave na fechadura, e a porta se escancarou.

Lá estava ela, exatamente como eu a deixara naquela manhã: de barriga para baixo, as cobertas em volta do pescoço, o rosto para a parede. Era o corpo de alguém que se arrastara até ali e despencara.

— Mãe! — gritei. — Ei, mãe!

Ela não deu sinal. Pus minha mão em suas costas. Seu corpo estava frio e rígido.

— Mãe! — gritei, esganiçado, em seu ouvido. — Mãe!

De muito longe, vieram as palavras:

— O que você quer?

Tirei minha mão. Me levantei.

— Você está bem, mãe?

Nenhuma resposta.

— Acorde.

— Deixe-me em paz.

— Qual é o problema, mãe?

— Você não vai entender.

— O que eu não vou entender?

De novo, nenhuma resposta. Balancei-a para lá e para cá.

— O que eu não vou entender, mãe?

Finalmente, ela disse:

— Você é a única coisa boa que aconteceu em minha vida, Saïd. Única coisa boa — e começou a chorar nos lençóis.

O telefone começou a tocar, soando como um alarme.

Vou dizer ao gabinete do reitor que houve um mal-entendido, isso é tudo. Nada para se preocupar. Minha mãe volta ao trabalho amanhã. Amanhã cedo, prometo.

— Alô — atendi, ouvindo o tremor em minha voz.

— Alô, Saïd — disse a pessoa do outro lado. — Meu nome é Barbara. Nunca nos encontramos, mas já ouvi muito sobre você. Sou a terapeuta de sua mãe. Como ela vai?

— Não sei. Acho que ela está doente, mas não sei.

— Você pode colocá-la no telefone para mim?

Puxei o telefone até a cama e o pus no ouvido de minha mãe.

— É para você, mãe.

Minha mãe pegou-o com uma mão esponjosa.

— Sim — disse ela.

Fui para o banheiro, mas, quando fechei a porta, ouvi o telefone tocar de novo. Será que ela iria responder? Não, novamente ela caíra no sono, na mesma posição, como se nada tivesse acontecido.

— Alô — disse eu.

— Alô — respondeu Barbara, sua voz agora com alguma urgência. — Acho que sua mãe tomou de uma vez toda a medicação. Tenho certeza de que ela ficará bem, mas preciso que você a traga aqui para eu olhá-la. Você faria isso?

— Faço.

Eu precisava chamar alguém que pudesse nos levar de carro, mas não sabia a quem chamar, então peguei o catálogo de telefones. Pesado e sujo em minhas mãos. Nunca antes eu tinha chamado um táxi. Achei o número. Disquei.

— Temos que sair, mãe. Precisamos ver sua médica.

Puxei suas cobertas. Seu corpo me pareceu inchado e úmido

— Você pode se vestir, mãe?

Ela resmungou em protesto, mas se levantou e começou a se mexer, como estivesse andando no barro. Sentou-se na beira da cama com sua camiseta e calcinhas, piscando os olhos.

— Temos que correr, mãe — tirei uma calça da cômoda.

— Você pode ir com essa?

Ela pegou-a de minha mão em câmera lenta e ficou em pé, balançando.

Abaixei-me e levantei sua perna, primeiro uma, depois, outra. Depois, achei um suéter e um par de meias. Quando ela estava completamente vestida, fui ao meu quarto e peguei 30 dólares na minha gaveta. Era tudo que eu tinha. Quando voltei para a sala, minha mãe estava de pé ao lado da cama com um copo d'água e um vidro de remédios, bebendo e engolindo. Arranquei o vidro de sua mão e o pus no meu bolso. Ela me olhou com desinteresse. Tive vontade de bater na cara dela. Minha mão comichou de vontade.

Fui pegar seus sapatos, e ela se sentou na cadeira da cozinha enquanto eu me ajoelhava para calçá-los e amarrá-los. Depois, saímos. Seu corpo pequeno, frágil, se apoiava contra o meu, cedendo enquanto eu a ajudava a descer as escadas, dois andares, passando a porta do subsolo, passando as cartas nas caixas de correio, até o sol lá fora. Na portaria, esperamos pelo táxi, e depois de um minuto ela se dobrou e sentou-se nos degraus de concreto como uma bêbada. Duas meninas bonitas passaram e olharam para a gente.

O táxi chegou, e o motorista deu a volta para ajudar minha mãe a entrar no carro.

— Obrigado — disse eu.

— Não se preocupe.

A corrida foi surpreendentemente curta. Dez minutos, talvez. Quando chegamos ao consultório da médica, o taxista estacionou ao longo do meio-fio. Minha mãe tinha caído no sono novamente.

— Acorde, mãe.

Ela acordou e me olhou. O motorista ajudou-me a levantá-la pelas axilas.

— Eu consigo — ela disse, com aspereza.

Dei a ele dez dólares.

Depois, subimos alguns andares de elevador até onde Barbara nos esperava. "Tenho certeza de que foi um dia pesado para você." Seu rosto combinava com sua voz, composto, quase sereno, emoldurado por um cabelo louro grisalho.

Entramos numa sala com uma enfermeira vestida de branco. Barbara fechou a porta. Minha mãe sentou-se numa cadeira, e eu sentei a seu lado.

— Quantas pílulas você tomou, Martha?

— Não ligo — respondeu minha mãe.

Peguei o vidro no bolso e entreguei-o a Barbara. Ela o abriu e olhou por um instante. Depois, fechou-o.

— Você pode me dizer o que está acontecendo, Martha? — ela perguntou.

A enfermeira começou a tomar a pressão de minha mãe.

— Não quero que você vá embora — disse minha mãe.

Sua voz partiu, e ela começou a chorar.

— Sua mãe apegou-se muito a mim — Barbara explicou. — Decidi aceitar uma proposta de trabalho em Virgínia, e isso a aborreceu, como você pode notar.

Entrou um homem de gravata. "Sou o Dr. Fulano de Tal", disse ele.

— Ele é psicólogo também, Martha — disse Barbara. — Pedi a ele que viesse ver você.

O homem sorriu para mim.

— Nós seremos obrigados a interná-la, Martha? — Barbara perguntou. — É isso que vamos ter que fazer?

— Não quero que você vá embora — disse minha mãe outra vez, agora com mais lágrimas rolando, a boca aberta, buscando o ar. — Não quero que você vá embora.

— Preciso ter certeza de que você não vai se matar — disse Barbara com a mesma voz. — Você pode me prometer isso? Pode olhar para mim e prometer isso?

— Não quero que você vá embora — disse minha mãe, novamente.

Havia algo de infantil em sua voz, e de repente compreendi o que estava se passando. Essa era a "amiga" que perguntara: "Alguma vez você já pensou no que faria com seu tempo livre se deixasse o partido?" Quando antes minha mãe tinha falado de uma amiga? Minha mãe não tinha amigas. Já tinha tido amigas alguma vez na vida? Talvez, uma ou duas no Brooklyn, mas muitos anos atrás, e depois disso só houve companheiros, e companheiros não são amigos, são outra coisa, algo mais profundo, algo melhor. Mas essa mulher, vestida de calça e paletó, parecendo uma executiva, era uma *amiga*. Uma amiga que a ajudara a largar o partido. E agora essa amiga estava indo embora também.

— Não quero viver! — minha mãe disse, de repente. — Não quero mais viver!

— Não diga isso, mãe. Nunca diga isso.

E agora era eu que chorava. As lágrimas me sufocavam na pressa de sair, correndo pelo meu rosto, pingando de minhas bochechas.

— Não quero viver — disse minha mãe de novo.

— Não, mãe!

A enfermeira se afastou.

— E seu filho? — perguntou o médico. — Você já pensou no que vai acontecer com seu filho?

— Ele vai ficar bem — respondeu minha mãe, como se tivesse chegado a essa conclusão havia muito tempo e estivesse em paz com ela.

— Não parece que ele vai ficar bem.

E foi assim que ficamos naquele fim de tarde de novembro, minha mãe e eu no consultório da médica, ambos soluçando na luz dura, rodeados de tudo branco e impecável, enquanto dois médicos sem vestir roupas de médico olhavam para minha mãe com uma mistura de pena e impaciência, uma enfermeira esperando ao lado, e minha mãe, entre espasmos, repetindo dezenas de vezes como se fosse um mantra sem fim: "Não quero viver! Não quero viver! Não quero viver!"

32.

A LUZ DO sol me despertou, finos raios atravessando as venezianas. Estava sonhando, mas não lembro com quê. Por um tempo, fico deitado de barriga para cima olhando o teto, pensando em nada. Não há ruído, a não ser pelo uivo ocasional do vento de inverno. *Vuuuu. Vuuuu.* Puxo o cobertor até os ombros de maneira que só meu rosto fique à vista. O cobertor é grosso e pesado e faz pressão sobre meu corpo como se estivesse vivo. Adoro esse cobertor e faço tudo para usá-lo em todas as estações. Em algumas noites de verão ou primavera, mesmo quando não há a menor necessidade, ligo o ar-condicionado para não ter escolha e poder dormir sob ele.

Rolo na cama e olho para Karen. Em volta de seu rosto e travesseiro, caem cachos escuros. Não há sinal de que ela vá acordar tão cedo. Dada a opção, ela dormiria o dia inteiro, se pudesse. Uma vez testemunhei-a dormir 12 horas a fio e ainda acordar com pena. Assim que ela era quando bebê, disseram-me seu pai e sua mãe. As fotografias que vi dela dormindo no berço sustentam o depoimento. Uma neném gorducha dormindo sobre a barriga com a boca meio aberta.

Começamos a ensaiar uma conversa sobre morar juntos. Não seria gostoso, sonhamos às vezes, nunca mais ter que arrumar mochila para passar a noite, nunca mais dizer até logo, nunca mais ficar sozinho? Nunca mais. Sim, seria bom. Mas ainda assim o conceito tem nele o que me parece um dilema intratável: detesto a ideia de abrir mão desse pequeno santuário que construí para mim em Jane Street.

— Tenho uma ideia — ofereço em momentos estratégicos.
— Simplesmente, mude-se para cá.

E ela diz:

— Não! É apenas um quarto.

Eu contraponho com uma grande visão arquitetônica que inclui construir uma parede para cortar o apartamento ao meio.

— Não!

Algumas semanas atrás, de brincadeira, fomos com um corretor ver um apartamento no lado Oeste da Rua 12. Era escuro, sujo e 3 mil dólares por mês. Tinha um cheiro horrível que saía, receamos, de dentro das paredes. O corretor balbuciou algo sobre os ótimos armários enquanto eu me sentia completamente sem graça, incapaz de oferecer sugestões construtivas, e saí com o sentimento de que deveria ter dado uma ideia.

— Não se preocupe — Karen consolou-me mais tarde.
— Ainda vamos encontrar algo maravilhoso. Você vai ver.

E eu disse, achando que talvez suas defesas tivessem baixado:

— Eu tenho uma ideia...

Mas sei que ela tem razão. Duas pessoas em um quarto é uma proposta indefensável. E um dia, quando encontrarmos um apartamento espaçoso, que seja limpo e bonito, abrirei mão de meu santuário. E vamos nos mudar juntos e seremos felizes.

No meio tempo, no entanto, os finos raios de sol ficaram mais fortes, mais amarelos. E, por mais que eu não queira perturbá-la, é hora de levantar e sair.

— Candy — sussurro. — Hora de acordar, Candy.

Quando entramos, quase não há lugar no metrô. Percebo dois assentos vazios em um canto e mal-educadamente corro até eles. Karen envolve sua perna na minha enquanto as portas fecham e o trem se lança em um ritmo feroz. Mas no momento em que alcança o túnel escuro, diminui a velocidade, passa a se arrastar, até parar completamente. Um minuto mais tarde, o alto-falante se abre e a voz do condutor é ouvida:

— Atenção, senhoras e senhores... — mas é completamente ininteligível e enrolado aquilo a que deveríamos prestar toda atenção.

— O que ele está dizendo? — pergunto a Karen.

Karen dá de ombros. Pelo jeito, todos os passageiros já se resignaram há tempos a uma lenta e tediosa subida em direção à parte norte da cidade. Temos que nos resignar também. O trem consegue se mover até a rua 23, depois 28, depois 33, fazendo em vinte minutos o que deveria levar cinco. Lamento não ter trazido algo para ler. "Deveríamos ter trazido alguma leitura", digo a Karen. Há um tico de reprovação em minha voz. Todo mundo em volta parece ter se lembrado. A nossa volta, cabeças mergulhadas em bíblias, romances, jornais, nas mais variadas línguas. Bem perto, um velho vestindo um terno surrado está completamente absorto em uma circular de supermercado. Ao lado dele, uma mãe está no meio de um romance, seu filho pequeno espalhado em seu colo, no sono mais profundo. Karen e eu temos que passar o tempo com as propagandas sobre nossas cabeças. Há uma que achamos particularmente divertida em que um médico de laboratório nos conta sobre um procedimento cirúrgico fácil e rápido para remover todas as espinhas, verrugas e marcas de nascença. Uau, minha perna fica dormente sob a de Karen.

— Desculpe! — ela diz.

Envolvo a minha perna na dela.

— Uau! A sua perna é pesada demais.

Finalmente, chegamos à rua 86, onde, agradecidos, saímos do metrô. À medida que subimos as escadas para o mundo lá fora, uma multidão vem descendo em nossa direção, correndo debruçada para a frente como turistas que percebem seu cruzeiro deixando o cais. Karen e eu nos separamos, empurrados para lados opostos. Lá em cima, brilha o sol do inverno e por um momento eu a perco de vista. "Estou aqui", ela chama. Nos damos as mãos e ficamos juntos em um canto, tentando nos orientar.

— Acho que é por aqui — ela diz.

— Não, é por lá.

De repente, tudo fica familiar: a loja de café, a banca de revistas, o mercadinho. Essa é a parada do metrô que eu usava quando morava aqui na rua 83, lado leste. Isto é, que eu usava quando estava nevando ou chovendo demais para eu pedalar 83 quarteirões abaixo, até meu trabalho de meio expediente em Houston Street. E depois, quatro horas mais tarde, 83 quarteirões acima para voltar. Eu tinha 24 anos e acabara de chegar, depois de desperdiçar anos em Pittsburgh achando que poderia fazer uma carreira de ator por lá. O máximo que eu podia pagar em Manhattan era um apartamento sublocado, ilegal e em ruínas, que tinha uma banheira com pés de garras no meio da sala e um buraco no chão da cozinha por onde eu via o subsolo. No primeiro dia do mês, eu ia ao Correio e comprava uma ordem postal para enviar 402 dólares, forjando o nome Linda O'Connor, que era a inquilina registrada. Todos os meus amigos me diziam que o apartamento era uma pechincha, que eu tinha a maior sorte de tê-lo encontrado, que nunca acharia nada tão bom. À noite, eu adormecia petrificado com a perspectiva de ser despertado pelo senhorio batendo na porta. Calculei que teria de morar ali até deslanchar na minha carreira artística, mas dois anos mais tarde fechei meu contrato miraculoso com o Departamento de Habitação da

Cidade de Nova York, juntei minha tralha e me mudei para Jane Street. E dois anos mais tarde consegui meu emprego com Martha Stewart, ganhando mais dinheiro do que em toda minha vida. E não muito depois uma moça chamada Karen foi contratada.

O Museu Guggenheim era um destino popular naquela tarde de sábado. Ficamos em frente à entrada, esperando e olhando, enquanto, avidamente, as pessoas passavam. O vento começou a soprar com força.

— Está com frio? — perguntei a Karen.

— Não muito. Talvez um pouquinho.

Ponho meu braço em volta dela e a envolvo. Ela treme. Um táxi para na calçada, duas pessoas saem, duas pessoas entram. As pessoas que saem exclamam muitos "ohs!" e "ahs!" diante do estranho museu branco em parafuso, no meio de Manhattan. Na esquina, um homem mais ou menos da minha idade fuma um cachimbo pretensiosamente.

— Quem fuma cachimbo hoje em dia? — pergunta Karen.

— Ninguém — respondo.

E não muito longe dele, em pé sob um poste de eletricidade, está uma velha pequena, que mal se vê, com cabelo grisalho, quase branco, cortado rente como de um menino. Ela parece perplexa e um pouco irritada, como se estivesse perdida. Um menino perdido na esquina. As roupas que veste são grandes demais para ela, até seus sapatos, até seus óculos. Em suas costas, uma mochila.

— Mãe — eu chamo.

E ela se volta como se uma voz tivesse gritado "fogo". E ela então me vê, me reconhece, e sua expressão de confusão passa a alívio. Um sorriso brilha em seu rosto. "Saïd", ela diz ternamente, docemente. Vou até ela. Mas o sorriso já está se apagando e seu rosto se enruga em desaprovação.

— Estou esperando há muito tempo — diz ela.

— Pensei que tivéssemos marcado ao meio-dia, mãe.

— Eu sei — diz ela — mas estava com medo de me atrasar e...

Agora, seus olhos me atravessam e vão até Karen.

— Oh, Karen — exclama — como vai? — e estende seus braços em torno de Karen e a abraça com força, como se Karen fosse sua filha, e eu, o genro impertinente, um casamento que ela esperava que não viesse a acontecer.

"Norman Rockwell: Imagens para o povo americano." Foi ideia de minha mãe vir a Nova York ver a exposição com a gente. Caras memórias de seu pai lendo o *Saturday Evening Post*, escreveu-me em um cartão-postal. Nós três ascendemos a escada em espiral, fazendo as curvas do caminho até o topo. Minha mãe move-se com uma desenvoltura que esconde sua idade. Perto dos setenta, sua mente está aguda e a saúde é boa. Karen comentou inclusive que sua voz é jovem. Sua mochila está cheia de pertences de uma pessoa com amplo raio de interesses: romances e a *New Yorker*, canetas e papel, uma máquina fotográfica. É seu rosto, porém, que conta a história. Um rosto marcado e emaciado, com uma pele caída em torno dos olhos, a boca virada para baixo, uma carranca constante como se ela estivesse há horas tentando resolver um problema complicado. O rosto se ilumina em alguns momentos, até dá risada, mas depois volta à forma que conheço tão bem. A cada vez que a vejo, ela parece menor, com os ombros mais curvados. Quando eu era criança, uma vez ela cometeu o erro de me dizer que é normal as pessoas encolherem à medida que envelhecem. Eu pensei, é claro, que minha mãe um dia encolheria tanto que chegaria a desaparecer completamente, o que me assustou e me fez chorar.

Dentro da galeria, fomos circundados por pinturas grandes, coloridas, tão vívidas que pareciam fotografias. Eu achava que elas seriam todas do tamanho de uma capa de revista. "Eu, também", disse minha mãe. Ficamos encantados. Aqui, diante de nós, uma menininha adorável, quase viva, vestindo uma boina vermelha e mostrando sua boneca ao médico da família, que examina o objeto com um estetoscópio. E aqui três meninos, parcialmente despidos, correndo apavorados diante de um cartaz de madeira que diz: "Proibido nadar". E aqui um caminhão que não pode seguir adiante por causa de um cachorro que não se mexe. Entramos numa visão sentimental, idealizada, da América, onde todo conflito é simplesmente um conflito. Tem um efeito calmante. Andamos em silêncio. Os três lado a lado. Vez por outra, alguém oferece uma breve observação. "Veja", diz minha mãe, "os sapatos da menina estão desamarrados".

Passamos um bocado de tempo maravilhados com um quadro que mostra um menininho, a boca aberta de incredulidade, diante de uma gaveta aberta na cômoda de seus pais, segurando nas mãos uma roupa de Papai Noel. Intitulado simplesmente *A Descoberta*.

Que engraçado, dizemos. Como ele capturou bem. Como ele realizou e traduziu o sentimento. O menino está tão vivo, parece que vai sair da tela a qualquer momento.

E aí Karen nos conta a história sobre o ano em que ela finalmente tomou conhecimento de que Papai Noel não existia. Tinha provavelmente 7 anos e uma certa desconfiança. Mas ainda assim esperou, bem-comportada, passar o Natal e todos os presentes serem abertos antes de fazer a pergunta aos pais:

— Papai Noel existe mesmo?

E a resposta de sua mãe:

— Nós somos Papai Noel.

Minha mãe achou a história linda. Eu também. Lancei meus braços em torno de Karen, imaginando-a uma garotinha de pé, timidamente, na porta da cozinha, em seu pijama, fazendo a pergunta cuja resposta, na verdade, ela não queria saber.

O astral mudou abruptamente em frente a uma pintura de uma pequena menina negra. *O problema com o qual todos vivemos*. Norman Rockwell é mais do que apenas uma visão idealizada da América e ele sabe que nem todo conflito é simplesmente um conflito. A menininha negra está sendo escoltada por quatro policiais federais para o que, supostamente, seria seu primeiro dia de aula numa escola toda branca, e rabiscada no muro atrás dela está a palavra *crioula*. Minha mãe se aproxima do quadro e o olha bem de perto. Seu rosto ficou alerta e zangado, pintado com aquela familiar expressão de indignação diante da injustiça.

— Você sabe do que se trata, Saïd? — ela pergunta, com uma voz cortante e que reverbera como uma acusação, como se houvesse sido eu a escrever a palavra *crioula*.

— Claro, mãe, eu sei do que se trata.

Depois da exposição, Karen e eu levamos minha mãe a nosso restaurante predileto no Village. É um restaurante macrobiótico que serve pratos como cozido de kuzu (carneiro, em turco) e costeleta frita de seitan (glúten). Com exceção da sopa de tofu, minha mãe nunca ouviu falar dos pratos no cardápio, mas ela tem espírito de aventura e nos deixa fazer seu pedido. Ela também jamais comeu com palitos e essa noite decide que vai aprender. Dou-lhe uma primeira lição de como segurá-los. "Assim, mãe", digo, pegando sua mão e dando-lhe a forma, "ponha o polegar aqui e o indicador ali". Mas a comida, uma vez agarrada, cai e cai de novo, e logo perco a paciência. Karen assume. "Assim, Martha", diz ela, mas a paciência de Karen também se esgota, e afinal desistimos e pedimos garfo e faca.

Quando acaba o jantar e estamos todos cheios de grãos e legumes, chega a conta. Minha mãe olha, abre o zíper da mochila e tira um envelope cheio de traveler's checks. Puxa quatro deles e os põe na mesa. Mas a garçonete não tem a menor ideia do que sejam traveler's checks. Tem que chamar o gerente. O gerente também não tem ideia. Tem que dar um telefonema.

— Por que não posso pagar com meu cartão de crédito? — pergunto.

— Não! Deixe-me pagar.

E depois disso vamos a Port Authority para colocá-la no ônibus de volta a Pittsburgh. No terminal, o ar está quente, a luz fluorescente é dura, e há uma barata virada em frente a uma máquina de vender. Espero nunca mais andar de ônibus interurbano enquanto eu viver. As cadeiras em que sentamos são apenas pequenas faixas de metal, pouco mais largas do que uma bunda de tamanho médio, que se fecham automaticamente quando você se levanta. Não foram projetadas para dar conforto, mas com o objetivo de evitar que gente sem-teto deite-se nelas para dormir. Se você quiser se recostar, tem que fazê-lo contra a parede.

— Que dia divertido — diz minha mãe.

— Foi ótimo — digo eu.

— Foi ótimo — diz Karen.

E é aí que minha mãe pergunta, sem qualquer prelúdio:

— Saïd, você pode me contar como vai Mahmoud?

Ela cora ao fazer a pergunta, como uma jovem, como uma jovem em uma festa em Minneapolis, 45 anos atrás. Eu deveria estar preparado para essa pergunta, porque ela sempre a faz, sem erro. E todas as vezes, sem erro, eu me atrapalho e não sei como responder. O que deveria dizer? Ele está ótimo, mãe. Está namorando uma moça trinta anos mais jovem. Talvez, se você tivesse trinta anos menos, mãe? Ou talvez se você fosse mais bonita, mais inteligente, ou capaz de acompanhá-lo na política. Talvez. Talvez a vida tivesse sido diferente para você. Ou para nós.

Mas simplesmente não vejo meu pai há muito tempo. E provavelmente passará muito tempo até isso acontecer. E isso me constrange e me faz ressentir a pergunta dela. Realmente, aconteceu de conversarmos por telefone uns meses atrás, uma conversa agradável, e ele pareceu tão animado ao ouvir falar de Karen que disse que não via a hora de conhecê-la, mas naquele momento não era possível, logo, seria logo, definitivamente.

Eu tinha 17 anos no verão em que meu pai retornou do Irã. Ele disse às autoridades iranianas que gostaria de comparecer a uma conferência de matemática na Califórnia, mas na verdade não tinha a menor intenção de voltar ao país. A primeira coisa que ele fez ao chegar foi visitar meu irmão em Detroit e minha irmã, em Levittown, na Pensilvânia, ambos tendo já abandonado o partido fazia muito tempo e batalhando para concluir seus cursos universitários. Esperava-se que visitasse minha mãe e a mim também, mas nunca o fez. Encontrou um apartamento em Nova Jersey e conseguiu um emprego ensinando matemática no Brooklyn. E depois pediu o divórcio a minha mãe, pois sua nova esposa logo deixaria o Irã para se reunir com ele. Minha mãe e trinta anos de casamento finalmente acabaram.

Falamos por telefone algumas vezes. Foram conversas esquisitas, forçadas. Eu não me lembrava da última vez em que tinha falado com ele e não sabia o que dizer. Ele parecia ter grande interesse no que eu faria depois de terminar a escola média, mas eu não tinha ideia. Talvez trabalhar no supermercado. Talvez arrumar um emprego no Correio. Sempre ouvira dizer que era um bom emprego. E universidade? Eu não tinha como pagar uma universidade. "Eu gostaria de ajudar", ele disse.

E no dia em que saí para me encontrar com ele, minha mãe abriu aquela jarra marrom e tirou uma nota de 50 dólares.

— Não o deixe pagar o jantar — afirmou.

— Tudo bem, mãe.

Quando o avião aterrissou no aeroporto de Newark, eu tinha em mãos um exemplar de *Malcolm X conversa com os jovens*. Queria que meu pai me visse com esse livro. Mas algo deu errado, algum mal-entendido, e ele não estava no portão como planejado. Talvez fosse minha culpa, eu não tivesse ouvido bem. Sem saber o que fazer, fiquei vagando pelo aeroporto, procurando por ele. "Saïd Harris", ouvi uma voz de mulher dizer no alto-falante, "Saïd Harris, por favor, encontre a pessoa de seu interesse no portão tal e qual".

Jamais, em tempo algum, alguém me chamara de Saïd Harris. Mesmo quando eu queria desesperadamente ser Harris, permaneci Sayrafiezadeh. Agora, aqui, Saïd Harris era anunciado a milhares de pessoas, como se fosse o ganhador de um prêmio.

. Oi — disse meu pai ao me ver.

— Oi — respondi.

Ele vestia uma camisa branca com gravata azul, e sua aparência era exatamente aquela do homem da fotografia. Apertamos as mãos como bons amigos. Depois pegamos um trem e fomos para Nova Jersey para nosso primeiro jantar juntos.

Foi uma refeição desconfortável. Sentei rígido em minha cadeira o tempo inteiro e tentei agir com maturidade. Os silêncios eram longos e mortais, e eu me culpava por eles. Sem saber como chamar meu pai, via-me obrigado a esperar que nossos olhares se cruzassem para dizer alguma coisa. *Ei, adivinhe!* Ele pediu vinho tinto, bebi, e o vinho subiu à cabeça. Depois, ele pediu carne. Falamos sobre universidades e cursos que eu poderia fazer. Ciência Política, sugeri. E falamos de planos de nos reunir com meu irmão e minha irmã.

Ele não tinha ideia do que eu passara para chegar ali, àquele primeiro jantar. O passado ficava atrás de nós, puro e inexplorado. Não sabia que menos de um ano antes eu vestira sua esposa — porque então ela ainda era sua esposa — para levá-la ao hospital. Nem tampouco sabia das portas para a chuva atrás das quais me escondi, dos fios de televisão que catei, da fotografia dele sobre minha cama por anos e anos.

Minha mãe jamais contou a meu pai o que aconteceu naquela noite, quando eu tinha 4 anos e ela me deixou no apartamento com um companheiro do partido. Acho que isso é um crime comparável ao próprio crime. *À verdade não basta ser a verdade, ela tem que ser dita.* Talvez ela tenha pensado que um desenvolvimento tão inadequado tornasse nossa casa ainda menos convidativa ao retorno do meu pai. Quando ela telefonou para a sede do partido e contou-lhes o que o camarada fizera comigo, eles responderam: "Sob o capitalismo, todo mundo tem problemas." Tal explicação, que eu sei que meu pai endossaria, aparentemente bastou para minha mãe. Alguns dias mais tarde, o partido encontrou outro lugar para o camarada ficar. O que aconteceu nunca mais foi mencionado em nossa casa. Cabia a cada um de nós aguentar sozinhos nossas misérias particulares, até aquele glorioso dia no futuro quando tudo seria resolvido para sempre, e um mundo perfeito surgiria.

Meu pai não me deixou pagar pelo jantar naquela primeira noite. Nem quis ouvir falar disso. A nota de 50 dólares ficou pesando no meu bolso. E enquanto esperávamos a garçonete voltar com o troco do meu pai, ele tirou uma pequena fotografia de sua carteira. "Veja", disse ele. Era uma pequena foto minha em preto e branco, quando eu era bebê, no velho apartamento do Brooklyn. Estou sobre minha barriga, levantando o corpo com os braços e rindo para a máquina fotográfica. "Tenho-a comigo todo esse tempo."

O ônibus de minha mãe chegou.

— Adeus — ela diz a Karen, dando-lhe um abraço e um beijo.

Depois, ela se volta para mim.

— Adeus, Saïd.

— Adeus, mãe.

E de repente ela joga os braços em torno de mim, agarrando-me pelos ombros, arrastando-me para baixo.

— Adeus, Saïd — sussurra, mas agora ela está chorando e as palavras mal se formam.

Antes que eu possa dizer qualquer coisa mais, ela pega a mochila e entra no ônibus. Uma fila de gente vai entrando atrás dela. Através da janela escura, tento encontrá-la. Acho que consigo vê-la acenando. Aceno de volta. E logo o ônibus está cheio, e o motorista fecha a porta com um rápido ruído e segue para Pittsburgh. Acompanhamos enquanto o ônibus sai da vaga. Fica o cheiro de diesel.

E, depois disso, andamos até a estação de metrô, Karen e eu, onde subimos no trem, ela dobrando sua perna na minha, e barulhentamente seguimos por debaixo da cidade em direção a nossa casa.

AGRADECIMENTOS

Muito obrigado a Matt Weiland; à minha agente, Zoë Pagnamenta; à minha editora e ao assistente editorial de The Dial Press, Susan Kamil e Noah Eaker. Este livro não teria sido escrito sem eles. Sou profundamente grato.

Meu apreço também a Eugenia Bell, Bryan Charles, Keith Josef Adkins, Philip Gourevitch, Nathaniel Rich, Francesca Richer, Hannah Tinti, Elizabeth Grove, Carolyn Murnick, Joanna Yas, The Sirenland Writers Conference, Antonio Sersale, Carla Sersale e Franco Sersale em Le Sirenuse. Também à Biblioteca Pública de Nova York, à Biblioteca da Universidade de Delaware: Departamento de Coleções Especiais, à Associação dos Advogados do Estado de Nova York (The New York State Bar Association), à Sociedade Histórica da Pensilvânia Oeste (The Western Pennsylvania Historical Society), à Biblioteca Carnegie de Pittsburgh e à confortável poltrona da livraria Housing Works.

E toda noite de quarta-feira, às 6h45, a Jeff Adler, Andrew Fishman, Charles Gansa e Jeff Golick.

Este livro foi composto na tipologia Adobe
Garamond Pro Regular, em corpo 11,5/15,5, e
impresso em papel off-white no Sistema Cameron da
Divisão Gráfica da Distribuidora Record.